塑造阳光心态 培养健康少年

青少年
心理自助成长
100问

主　编：张天清

百花洲文艺出版社
BAIHUAZHOU LITERATURE AND ART PRESS

青少年心理健康教育丛书
编写委员会

主　任：张天清

副主任：汪立夏

成　员：张玉胜　史占彪

　　　　舒　曼　高　旭

序

　　青少年是祖国的未来、民族的希望，青少年的健康成长关系着中华民族的伟大复兴和中国社会的未来发展。心理健康是青少年健康成长不可或缺的重要组成部分。随着经济社会的不断发展，促进青少年心理健康越来越成为全社会共同关注的热点和必须承担的使命。中共中央、国务院颁布的《"健康中国2030"规划纲要》以及中央22个部委联合发文的《关于加强心理健康服务的指导意见》，明确提出了"坚持以人为本，推进青少年心理健康教育"的战略要求，充分彰显了党和政府对青少年健康成长与成才的高度重视。

　　为贯彻落实中央有关文件精神，中央文明办把加强和改进青少年心理健康教育工作作为新形势下思想道德教育工作的重要内容。心理健康教育与思想道德教育的有机结合，从全新的角度发挥了其对青少年健康成长的独特作用，体现了思想道德教育工作与时俱进、不断发展完善的思路。中央文明办与未成年人心理健康（全国）辅导中心一道积极开展工作，每年都举办各种培训班，指导各省市在工作机构的健全、人员的配备、队伍素质的提升、工作平台的搭建、工作内容的丰富拓展等方面取得明显进展，对提高青少年的心理素质、促进青少年健康成长起到了不可替代的作用。

　　2013年，江西省文明办依托华东交通大学心理素质教育研究院的专业资源建立了江西省青少年心理健康教育辅导中心，这是江西省青少年思想道德教育工作中的一件大事。几年来，在中央文明办、未成年人心理健康（全国）辅导中心的指导下，通过举办各级各类培训，指导各市、县（市、区）建立三级青少年心理健康教育工作网络，基本实现了青少年心理健康教育的全对接和全覆盖，使江西省青少年心理健康教育工作得到了长足的发展。江西省文明办多次召开工作会、研讨会，推动各设区市建立健全青少年心理健康教育辅导领导体制和工作机制，工作成效显著，专业化、科学化水平得到明显提升。

更为难能可贵的是，江西省文明办、江西省青少年心理健康教育辅导中心能从本省实际出发，邀请中国科学院心理研究所的心理学专家及本省从事青少年心理健康教育工作的同志，根据青少年心理健康教育辅导工作中面临的新形势新任务，撰写了这样一套青少年心理健康教育辅导用书：一本是《青少年心理健康教育工作手册》，用于指导开展青少年心理健康教育辅导工作，提升相关工作者的专业技能和业务素质；另一本是《青少年心理自助成长100问》，通过回应和指导青少年日常生活中常见的成长困惑，提升广大青少年心理调适和心理成长的能力。这两本书的出版充分体现了江西省对青少年健康成长的关心和爱护以及对青少年心理健康教育辅导工作的高度重视，同时也是对青少年心理健康教育辅导工作提出的更高要求。

这套丛书有三个方面的特色：首先是科学性，编者在编写过程中既注重心理健康教育科学理论的阐述，又紧密契合当前青少年身心发展的实际状况。其次是实用性，编者将大量国内外同行的研究成果、自身工作的实践经验、引人入胜的案例故事、可操作的自助技巧等内容进行了加工整合。最后是创新性，《青少年心理健康教育工作手册》和《青少年心理自助成长100问》分别从不同的视角服务于青少年健康成长的总目标，前者建构和呈现了一种独具特色的青少年心理健康教育工作模式，后者针对青少年在成长过程中可能遇到的问题给予了详尽的分析与解答，两本书相辅相成，别具匠心。

我希望，这套丛书能帮助更多在一线从事青少年心理健康教育辅导工作的同志，帮助广大青少年更好地认识自身的心理健康状况，了解成长需求，调节心理状态，保持阳光心态，不断健康成长。

这是我的心愿！并借此套丛书向所有从事青少年心理健康教育工作的同志们表达感谢，祝福所有的青少年都能在阳光下享受健康与快乐！

任其平（博士、教授）

未成年人心理健康（全国）辅导中心副主任

南京晓庄学院心理健康教育与研究中心主任

目录 mulu

高效学习篇

自我成长篇

人际交往篇

生活适应篇

高效学习篇

GAOXIAO XUEXIPIAN

① 如何设置学习目标？

成长的烦恼

有人因为有了学习目标而充满激情，可有人因为有了学习目标而充满挫折感。志远就是这样一位同学，他就像他的名字一样"志存高远"，定下许多学习目标，比如这一周要把之前基础没有打扎实的数学例题全都做一遍，再把所有该背的语文名篇都背下来……可坚持没有多久，就变得松懈了，对学习也产生了倦怠。后来，老师根据志远目前的学习基础及学习能力制定了可实现的目标，并列出时间表，定期检查，及时激励。不久，志远又对学习充满了激情。

我们应该如何设置合理有效的学习目标呢？

心海导航

制定学习目标是一回事，完成学习目标是另外一回事，制定学习目标是明确做什么，完成学习目标是明确如何做。这个学习目标不是凭空想象的，是需要凭着一个能达成的计划而定的。学习目标不是孤立存在的，它与计划相辅相成，目标指导计划，计划的有效性影响着目标的达成。所以在执行目标的时候，要考虑清楚自己的行动计划，怎么做才能更有效地完成目标，这是每个同学都要想清楚的问题，否则，学习目标定得越高，达成的效果越差。

1.学习目标应统筹全局

学习目标应该是整体考虑的结果，各部分目标必须协调一致。目标不是孤立存在的，一个人的目标要和环境相关联。分析自己的学习现状，一是和全班同学比，看自己各门成绩在班级中的位置，常用"好、较好、中、较差、差"来评价；二是和自己的过去成绩比，看它的发展趋势，通常用"进步大、有进步、照常、有退步、退步大"来评价。

2.学习目标要层次清楚

学习过程中的各种目标不是同等重要的，要突出关乎学习成败的关键目标，在总目标下再分层次列出相应的分目标，各层次学习目标明确，实现目标也有保证。规定在什么时候采取什么方法步骤，达到什么学习目标，短时间内达到一个小目标，长时间达到一个大目标，在长短计划的指导下，使学习一步步地由小目标走向大目标。

3.学习目标应切实可行

学习目标必须是可行的，而不能是可望而不可即的，应建立在对学习内外环境进行周密调查研究的基础上，要有充分的客观依据。目标要切合实际，看得见，摸得着。切合实际就是指目标不能定得过高或过低，过高了，最终无法实现，容易丧失信心，使计划成为一纸空文；过低了，无须努力就能达到，不利于进步。要根据自己的实际情况提出经过努力能够达到的目标。

4.学习目标必须是具体的

学习目标要便于衡量，而不是笼统、空洞的口号，应尽可能用数量表示出来，便于对照和检查。如："今后要努力学习，争取更大进步"这一目标就不明确，怎样努力呢？哪些方面要有进步？如果调整为："数学课、语文课都要认真预习。数学成绩要在班级达到中上水平。"这样就明确了，以后是否达到就可以检查了。 如：怎样才能达到"数学中上水平"这一目标呢？可以具体化为：每天做10道计算题、5道应用题，每个数学公式都要准确无误地背出来，等等。

② 如何制订学习计划?

成长的烦恼

新学期开学第一天,晓丽一脸疲惫不堪,无精打采。最近几天,晓丽每天都熬夜写作业到凌晨一两点。同学"羡慕"她很厉害,短短几天就完成了暑假作业,可是晓丽自己却很苦闷,每次都想好好制订学习计划,可就是不知道怎么着手,即使列出了详细的计划,往往也无法贯彻执行。

猜一猜,晓丽的问题出在哪里?制订学习计划时需要注意什么?

心海导航

根据心理学对大脑神经认知特点、记忆规律等方面的研究,科学制订学习计划,应注意以下几个方面。

1.计划要考虑全面

学习计划不是除了学习,还是学习。要学习,要休憩,也要娱乐,所有这些都要考虑到计划中。计划要兼顾多个方面,学习时不能废寝忘食,这对身体不好,这样的计划也是不科学的。

制订计划不要太满、太死、太紧，要留出机动时间，使计划有一定的机动性。毕竟现实不会完美地跟着计划走，给计划留一定的余地，这样完成计划的可能性就增加了。

2.协调好长远计划和短期安排

在一个比较长的时间内，比如说一个学期或一个学年，你应当有个大致计划。因为实际中学习生活变化很多，又往往无法预测，所以这个长远的计划不需要很具体。但是你应该对必须做的事情心中有数。而更近一点，比如下一个星期的学习计划，就应该尽量具体些，把较大的任务分配到每天完成，使长远计划中的任务逐步得到完成。

有长远计划，却没有短期安排，目标是很难达到的。所以两者缺一不可，长远计划是明确学习目标和进行大致安排；而短期安排则是具体的行动计划。

3.安排好常规学习时间和自由学习时间

常规学习时间指按学校规定的学习时间，主要用来完成老师布置的学习任务，消化当天所学的知识。而自由学习时间指除常规学习时间外的归自己支配的时间，你可以用来弥补自己学习中所欠缺的，或者提高自己在某一学科的优势和特长、深入钻研一件有意义的事情。

自由学习时间的安排是制订学习计划的重点。合理利用好自由学习时间，对自己的学习和成长都会有极大的好处。所以我们应该提高常规学习时间的效率，增加和正确利用自由学习时间，掌握学习主动权。

4.对重点突出学习

学习时间是有限的，你的精力也是有限的，所以学习要有重点。在这里，重点一是指你学习中的弱科，二是指知识体系中的重点内容。只有抓住重点，兼顾一般，才能提高学习效率。

5.从实际出发来制订计划

制订计划，不要脱离学习实际，要符合自己现在的学习压力和水平。有些同学制订计划时，满腔热情，计划得非常完美，可执行起来却寸步难行。这便是因为目标定得太高，计划定得太死，脱离实际。

实际可以分成三个方面：

（1）知识能力的实际：每个阶段，计划学习多少知识？培养哪些能力？

（2）时间的实际：常规学习时间和自由支配时间分别有多少？

（3）教学进度的实际：掌握老师的教学进度，妥善安排常规学习时间和自由支配时间，以免自己的计划受到"冲击"。

6.注意效果，及时调整

每一个计划执行结束或执行到一个阶段，就应当回顾一下效果如何。如果效果不好，就应该找找原因，进行必要的调整。

回顾之后，要记得补上缺漏，重新修订计划。你也可以通过日记来记录一天的学习计划进度，便于改进和回顾。

7.脑体结合，文理交替

学习对脑力消耗非常大，所以不要长时间学习，要适当安排休息时间。而且在安排学习计划时，不要长时间地从事单一活动。学习和锻炼可以交替安排，因为锻炼时运动中枢兴奋，其他区域的脑细胞就可以得到休息。比如，学习了两三个小时，就去锻炼一会儿，再回来学习。安排科目学习时，也要文理交替安排，相近的学习内容不要集中在一起学习。

8.提高学习时间的利用率

早晨或晚上，或者一天学习的开头和结尾的时间，可以安排着重记忆的科目，如外语；心情比较愉快，注意力比较集中，时间较完整时，可以安排比较枯燥，或自己不太喜欢的科目；零星的、注意力不易集中的时间，可以安排做习题和自己最感兴趣的学科。这样可以提高时间利用率。

3 如何激发学习兴趣？

成长的烦恼

晓阳是一个初中二年级的学生，不仅阳光帅气，性格活泼，而且成绩非常好，总是在班上名列前茅。熟悉他的人都知道他成绩很好是因为他对学习很感兴趣。人们不禁产生疑惑，为何晓阳对学习有这样浓厚的兴趣？晓阳自己说，他也曾经是一个平凡的男生，不善言谈，且性格有点内向，学习基础较差，对学习也缺乏兴趣。上了初中以后，他改变了一些学习方式，比如学习20分钟，就休息5分钟默念一遍，然后模仿老师上课一样讲出来。这样不仅记得牢，而且学习起来一点也不枯燥乏味。

你有什么方法激发自己的学习兴趣呢？

心海导航

学习兴趣有一个发生、发展的过程，一般来说是从"有趣"开始，产生"兴趣"，然后向"志趣"发展。那么具体有哪些方法呢？

1.兴趣暗示法

对那些不喜欢的科目，可以采用兴趣暗示法。比如对数学，在学习之前，首先进行热身运动，摩拳擦掌，面带笑容，看着数学，大声说："数学，从今天开始，我要喜欢你啦！""可爱的数学，我要对你产生兴趣了。""数学，我会满怀兴趣地学好你！"每次学习数学之前都大声暗示自己，坚持三个星期，甚至更长一些时间，这些语言就会深入潜意识，一旦进入潜意识，你对数学的兴趣就真正建立起来了。很多对学习没有兴趣的同学，一拿起书就会产生不愉快的情绪，甚至厌烦、恐惧，从而关闭了自己的灵性之门，导致学习效率低下甚至无效。当你摩拳擦掌、面带微笑进行自我暗示时，就会产生一种愉悦感，厌烦、恐惧的情绪就会被冲散，心灵之门渐渐打开，要学的知识就容易吸收进来了。

2.增强自信法

人往往因为自信而成功，也往往因为缺乏自信而失败。19世纪的思想家爱默生说："相信自己'能'，便攻无不克。"拿破仑甚至讲："在我的字典里，没有'不可能'这个词。"正是没有这个词才使他横扫欧洲大陆。事实上，有许多学生正是因为缺乏学好某门课的信心，产生了畏惧心理，进而丧失了兴趣。所以要建立起学习的兴趣，可以从增强自信心入手，具体有如下几个步骤：

（1）想象自己曾获得成功的事情，努力回味那种成就感，以获得对学习的兴趣；

（2）令人愉快的事物总能激发兴趣，所以尽量想愉快的事情，如"我今天将再学会10个单词""今天又学会了方程式的解法"，让自己知道今天超越昨天，树立起"每天多做一点，就是成功的开始"的信念。

3.弄假成真法

戴尔·卡耐基有句名言："假如你假装对工作感兴趣，那么这种态度会使兴趣变成真的，并且消除疲劳。"这种经验可以很好地应用在学习兴趣的培养上。如果你对某一门课或对学习不感兴趣，你就可以训练自己假装对它感兴趣，并坚持下去，必定会有很好的效果。训练自己面带微笑。当面对自己不喜欢的课程时，要面带微笑，并要从心底里愉悦起来，保持一种快乐感。这样坚持一段时间后，就会解除心中的排斥感，真的产生兴趣了，这种方法并不是说"心想事成"，不是讲我"想"怎么样，就可以怎么样，它要求你在心里产生学习兴趣之后，立即去进行学习，将这种兴趣转化为深入学习的动力。

4.兴趣迁移法

面对不喜欢的科目时，也可以运用这种兴趣迁移法，利用自己对其他科目的兴趣来带动不感兴趣的那些科目，训练时遵循下列做法：

（1）问自己愿不愿意把这门课学好，用肯定的语言来回答自己，比如"我一定能将数学学好""这些单词我很快就会背了"。这样反复默念，形成一种潜意识。

（2）进行身心放松训练。尽量坐得舒适，慢慢做三次深呼吸，将心情放松，不要感受到压力。

（3）想象自己上所喜欢的课时的情景，让心情快乐起来。

（4）想象自己上不喜欢的课时的情景，然后将上喜欢的课时的愉快心情迁移到不喜欢的课程上，让自己面对不喜欢的科目时也有一种轻松、愉快的心情。

（5）立即开始学习。

4 如何提升学习动力？

成长的烦恼

　　小景是创新班的学生，在班级里成绩中等。在老师和他的爸妈眼里，他是个聪明的孩子，学什么都很快，但是学习成绩始终不能在班上名列前茅。如果爸妈这段时间督促得紧一些，他的月考成绩就好一些；如果爸妈因为工作忙，疏于对他的管教，他的学习成绩就会下降一大截。他的爸妈经常严厉地批评他学习态度不积极，有时候小景会反抗，有时候他也会在心底纳闷儿：我讨厌和害怕学习吗？似乎不是，那为什么我就不能像别的同学那么自觉地学习呢？

　　你有什么方法提升自己的学习动力呢？

心海导航

　　学习动力是指为激发个体进行学习活动、维持已引起的学习活动，并使行为朝向一定的学习目标的一种内在过程或内部心理状态。我们可以尝试从以下几个方面着手激发自己的学习动力。

1.保持好奇心与求知欲

孔子曰："知之者不如好之者。"对学习活动产生兴趣是提高学习效率的前提。

也有同学说，我一开始就对学习不感兴趣，怎么办呢？那我们可以尝试暂时放下抵触心理，去接近它，了解它，很有可能某些知识或者成就感就会逐渐激发你的兴趣。有时候一开始断言对学习了无兴趣，也许仅仅是我们逃避学习或者害怕学不好的借口。比如，去西安旅游前做一份攻略，可能就会使你对历史、地理和语文感兴趣。

2.明确知识的价值

英国哲学家培根告诉我们："历史使人明智；诗词使人灵秀；数学使人周密；自然哲学使人深刻；伦理使人庄重；逻辑修辞学使人善辩。"每一门学科都有其学习的意义，等待我们去发现和理解。

记忆外语单词和语法规则，常常是枯燥无味的。但英语听、说、读、写、译能力的培养都有赖于此，而后者又能帮助我们在国外旅游时畅通无阻地与他人交谈，在家不靠翻译软件就能欣赏美剧大片，岂不快哉。如果我们对所学知识的价值有较深刻的理解，就会认真学习每一门功课，从而对各科的学习都产生浓厚的兴趣。

3.培养良好的自我效能感

自我效能感是指一个人对自己在某一活动领域中的操作能力的主观判断或评价，它将影响学生选择让自己面临什么样的挑战、付出多大的努力、坚持多久以及愿意承受多大的压力。自我效能感较低的人倾向于选择更不具挑战性的任务。那么该如何提升自我效能感呢？

首先，增加自身成功的体验。不少差生在学习上屡战屡败，从而自暴自弃，放弃学业。如果我们在学习过程中，正确评估自己的实际能力，选择略高于实际能力但通过努力就能完成的成就目标，遵循小步子原则，那么每天进步一点点的成功，能让你不断体验到成就与效能感，最终达到总目标。

其次，可以通过增加替代性经验和模仿的方式。替代性经验是指人们通过观察他人的活动，获得对自己能力的一种间接评估。当一个人看到与自己能力水平相当的人成功时，也有助于增强自身的自我效能感。比如，当你看到和你成绩差不多水平的同桌参加全省奥林匹克数学竞赛获得了亚军时，下一次报名的时候你可能也会跃跃欲试了。

最后，他人对自己的激励和肯定，自己对自己的积极暗示也有助于自我效能感的提高。不妨经常和父母与同学交流，请他们指出自己值得肯定的地方，来鞭策和鼓励自己。将自己的优点写在纸上，贴在墙上，每天睡觉前默念一遍。

4.积极合理地归因学习结果

归因就是人们对自己或他人行为原因的推论过程。考试不及格，可以归因为自己没有努力，也可以归因为运气不好，或者试题太难、身体不适等等。不同的归因导致不同的结果判断和自我评价，进而影响接下来的学习动机。

心理学研究表明：积极归因的学生无论成败，都会对未来的学习充满信心，因为他们把成功归因于自己的努力和能力等内部原因，把失败归因于努力不足或者策略应用不当等，所以他们能够对自我产生积极而肯定的情感，因成功变得更加自信，面对失败也愿意投入更多的努力和改变。他们的学习动机水平比较稳固。

消极归因的学生无论成败，都容易降低自己的成就动机。因为他们把成功归结于运气好，把失败归因于能力低、脑子笨等稳定的内部因素，因此很容易陷入对自身失望的状态，总会感觉努力是无用的，容易自暴自弃。

⑤ 怎样提高学习效率?

成长的烦恼

小鹿是新华高中一名高二学生,他曾以优异的成绩进入重点中学,一年中经历了由名列前茅到中等水平,尔后又落入"后排"的坎坷经历。让他百思不得其解的是,他每天都非常认真辛勤地学习,为什么却得到如此的"回报"?

小海同学也遇到了同样的问题:"进入高中以来,我学习一直很刻苦,但是成绩却一直下降,我很失落。为此老师们很关心我,课上经常注意我的反应,练习时给予我更多的关注,但是这样却使我心情越来越沉重。我也想尽快改变现状,可又没有办法。眼看着已经高二了,为了考上大学,我只有靠延长学习时间、增加练习量来应对,但是至今收效甚微,我真的不知道如何是好。"

在我们的同学中,像这样有目标、知努力、肯付出而少有收获的同学并不鲜见,他们为什么会学习效率欠佳呢?

心海导航

为什么当学习一个新知识或新技能时,有人学得快,而有的人学得慢?其实他们的最大区别之一就在于"元认知能力"不同。

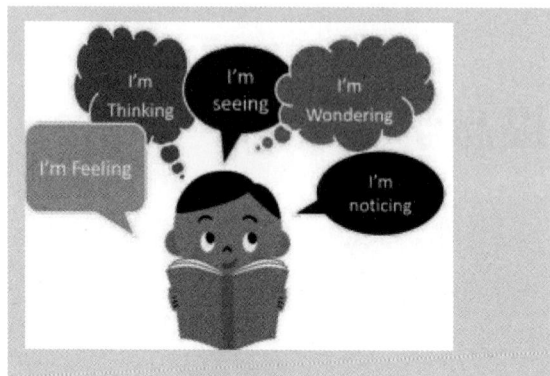

善于学习的同学总是会擅长于保持有效且独立的思考，他们能够掌握一些基础但不可或缺的技能，比如说规范自己的学习空间，按照时间表做事情，把控自己的学习进度，制订学习计划，以及发掘课程中可以改进之处等等。他们不会依赖老师或家长来布置学习任务和监管，并且能够为自己的学习负责。

而不擅长学习的同学呢，往往也不擅长有效地管理自己。这使得他们的学习过程也会遇到更多挫折，学习常常会使他们泄气，导致取得的成绩不佳。

这些都是我们身边每天都会碰到的现象，导致这个情况的原因之一，也就是我们在"元认知能力"上的差异。

简单来说就是为了让自己获得学习上的进步而思考自己是如何思考的能力，即心理学上所讲的元认知能力。

这种元认知能力并不是与生俱来的，每个人都可以通过教学和实际训练而获得。通过在学习前、学习中以及学习之后，向自己提出9个问题，就可以慢慢地训练自己的元认知能力。

1.学习前的预期

（1）这跟之前做过的哪些任务相似？

（2）我希望自己达到什么学习目的？

（3）我首先应该做些什么？

2.学习中不断思考

（1）我的方向对吗？

（2）我可以做哪些不同的尝试？

（3）我可以向谁寻求帮助?

3.学习后的反思

（1）哪些点做得很好?

（2）哪些地方还可以做得更好?

（3）我可以把这套方法用在别的学习中吗?

6 如何提高观察力？

成长的烦恼

对于王新来说，写作文是件很头疼的事，他总觉得没有什么可写的。可阅读别人的作文时，他会惊讶地发现自己司空见惯的人和事物在别人的眼里却是如此特别和新鲜。

如何通过有效的训练，提升自己的观察力呢？

心海导航

观察是我们认识外部世界的起点，是科学创造发明的基础，也是检验知识和真理的重要途径。细致敏锐的观察力可以通过有意识的训练培养而获得。

1.激发观察兴趣

兴趣是提高观察力的基本动力和前提，有浓厚的观察兴趣，才会主动及时、细致认真地观察身边的事物；如果缺乏观察兴趣，就会视而不见，听而不闻。如何调动自己观察的兴趣呢？首先，要走出学校和家庭，广泛接触外部的世界，欣赏自然的花草树木、江河湖海，了解社会的各行各业、人情风俗，积极开拓视野，对外界的事物保持一颗好奇心；其次，除了广泛阅读以外，亲自动手实践，比如，可以自己设计或操作一些观察实验，通过自己的操作摆弄，探寻事物的奥秘，激发观察的兴趣。

2.明确观察目的

提高观察能力的第一步是给自己确定观察的目的，为自己提出任务，而提问是最简便的方式。以观察楼梯为例，你可以问问自己：一层楼有几级？每一级楼梯有多高多宽？楼梯的颜色有什么变化？楼梯一般建在什么位置？这样设计有什么用处？通过这样的提问，你将不会是"我只看到一个楼梯"，而是能清晰说出不同建筑的差异。提问促使我们在观察中寻求答案，而观察则带给我们更多的疑问，在观察与提问中，我们可以不断探索，比较事物之间的细微差异，发现事情的变化发展。

3.确定观察顺序

明确观察目的之后，就依照方位、时间、空间、结构或事情发展的某个顺序进行观察，比如由整体到局部，由左到右，从前到后，由上而下，由里到外，从东至西，从春天到冬天，由过去到现在等等。有序的观察不但使我们在获取信息时更加细致，避免差错，提高观察效率，并且可以帮助我们整理记忆，在回想的过程中也更加轻松。

4.调动各类感官

闭上眼睛听声音，你听到了什么，同学在写字？空调在运转？还是风吹动窗帘？然后再睁开眼睛，寻找那些你听到的声音，是不是发现原来这个世界比你想象的更加丰富？其实，除了眼睛观察，听觉、嗅觉、触觉这些感官都可以帮助我们进行更细致地察觉到身边发生的一切。充分调动这些感官，可以大大提高我们的观察效率。

7 如何保持好奇心？

成长的烦恼

奇奇对什么事情都充满了好奇，总爱问各种"为什么"，老师同学都叫他"好奇星"。一天他又冒出了问题，但这回老师没有告诉他答案，而是说："你现在有能力自己探索问题的答案了。你先自己探索，明天我们再一起讨论，好吗？"于是奇奇自己去查阅资料，找到答案的那一刻，他突然明白了，爱问问题并不是真正的"好奇星"，爱问问题而且善于自己找到答案，才是真正的"好奇星"！

好奇心是我们认识世界的动力之一，怎样才能保持强烈的好奇心呢？

心海导航

实践证明，激发和保持好奇心需要注意以下几个方面。

1.好奇心源自问题

美籍华人物理学家、诺贝尔奖获得者李政道说："好奇心很重要，要搞科学离不开好奇。"道理很简单，只有好奇才能提出问题、解决问题。可怕的是提不出问题，迈不出第一步。我们要学会在生活和学习中不断训练自己发现问题、提出问题的能力。

不过提问也是有策略的。学习中我们遇到的一些问题，答案只有两个——"是否"或者"对错"，比如"《红楼梦》的作者是不是曹雪芹？""这道数学题这样做对不对？"这类问题叫作"封闭式提问"。还有一种"开放式提问"，比如，"《红楼梦》的作者是个什么样的人？""这道数学题到底可以有哪些解法？"这类问题的答案并不确定，无法简单回答，但却可以促进思考。学会把"封闭式提问"转化为"开放式提问"，可以发现很多新鲜事物，促进我们的大脑转动起来。

2.好奇心在于行动

如果伽利略怀疑"两个不同重量的物体从同一高度落下速度不一样"，他没有去比萨斜塔做验证，那么他的伟大发现就不会为人所知。想要把好奇心维持得更持久，需要在提出问题后投入行动。在行动中感受好奇心带来的满足，并且发现新的问题，重新激发起好奇心，这样才能产生源源不断的推动力。行动的第一步，是学会阅读和判断。阅读可以让我们迅速了解世界，掌握基本的判断能力。面对违背法律法规的好奇心，要提高警惕，避免给自己和他人带来伤害。行动的第二步，是尝试与分享。面对好奇的事物，努力做多方面的尝试，并且把自己好奇带来的发现分享给身边的人。每个人的思维和兴趣都不一样，分享可以让我们感到快乐和获得成就感，而成就感会反过来促使我们再去尝试。

3.好奇心需要勇气

你曾经经历过好奇心被忽视、误解甚至拒绝吗？你曾经因为提出奇怪的问题被取笑吗？你曾经在好奇探索事物的过程中体会过失败和成功吗？如果你的回答都是肯定的，那么恭喜你，你是一位好奇心旺盛的人。在发明的过程中，常常会遇到难题，第一个吃螃蟹的人曾被称为傻子，每一份好奇心取得的进步，都需要坚持的勇气。

8 如何集中注意力？

成长的烦恼

刘敏是一名初二学生，成绩优异，以高效学习而被同学们称赞。可谁知道小时候的刘敏曾被父亲说成是"注意力障碍"儿童。小学阶段，刘敏上课时注意力很难集中，经常走神，常常没法安心听完一堂完整的课，任课老师都为他头疼。

你有哪些方法帮助自己集中注意力呢？

心海导航

注意力是人在清醒意识状态下的心理活动指向和集中于某种事物的能力。当人对某一事物产生高度注意时，就会对这一事物反应得更迅速、更清楚、更深刻、更持久。注意力是人类有意识地自觉主动获取信息、学习知识和技能的根本手段。

注意力的好坏并不是先天遗传的，而是靠后天的学习培养和训练得来的。有些人经过培养训练，注意力得到很好的提高，所以要想提高注意力，培养良好的注意品质就应该进行有意识的训练，更多的还是自我训练。

1.充分认识课程的重要性

课前要认识到这堂课的重要，因为每堂课的内容都有它的重要性和意义，都有一部分新的知识要我们去掌握。多想这些重要性，并以此激起我们对课堂的兴趣和注意，我们就能专心听讲。

2.学会适应老师的讲课方式

一般来说，教师都具有比学生丰富得多的经验和专业知识，而且常常讲些书本以外的知识，有经验的教师还能教学生怎样去学习知识和发展自己的能力。要认识到没有老师的授课和指导，学生学习的困难就会增大，甚至学不下去。你要常提醒自己，要听好老师的讲课，向老师学习，不能错过学习的好机会！

3.排除内外干扰免受影响

当你发现自己有轻视讲课内容的苗头，或教师讲课方式不适合自己口味，或思想不自觉开小差的时候，要及时纠正过来，不能任其发展。当课堂上出现不安静情况，有其他同学干扰或外界的影响时，也要排除干扰，不受影响，保持集中注意力的心理状态。

4.主动追踪老师的思维活动

提高课堂学习效率，学生还应该有意追踪课堂内容和老师的思维活动。如果在课堂上只将注意力集中在听老师的讲课，不思考老师授课的内容，不理解这些内容，那么老师的声音会变成催眠曲，使你慢慢进入瞌睡状态。所以上课时要专心于听懂，一边听讲，一边很快地思考，弄懂所讲的意思，跟随老师讲解并进行积极思考和对问题的探究，则会使你的大脑处于兴奋状态，也能使你的注意力集中在讲解的内容上。

5.练习注意力分配和转移

课堂上不仅要听、看、想，而且还要记笔记，怎样合理地分配注意力，而不至于顾此失彼，也是很重要的。有的同学善于转移和分配注意力，听讲时还要快速地思考，当听到重点的内容或老师补充教科书上没有的材料时，就简要地记一下，以帮助课后复习和理解。如此分配注意力于听、想、记上，以理解内容为重点，兼顾各方面，可以大大提高课堂学习的效果，还培养了良好的注意力转移和合理分配能力。

⑨ 如何提升记忆力？

成长的烦恼

每次考试，小王的数学、物理、化学成绩都名列年级前茅，可是政治、历史、地理成绩却总是在中下游上不去，学起来很吃力。他自己总结原因，认为一定是自己记忆力不够好，所以不擅长文史类科目考试。如此严重偏科，让他十分头疼。

你有什么方法帮助自己学好文史类科目吗？哪些方法可以帮助自己提升记忆力呢？

心海导航

一般而言，人的一天中，大脑有四个记忆高峰，充分利用这些时段学习重点和难点知识，往往效率更高。

第一个高峰：清晨起床后，大脑经过一夜休息，此刻学习一些难记忆而又必须记忆的东西较为适宜。

第二个高峰：上午8点至11点，此时体内肾上腺素分泌旺盛，精力充沛，大脑具有严谨而周密的思考能力。

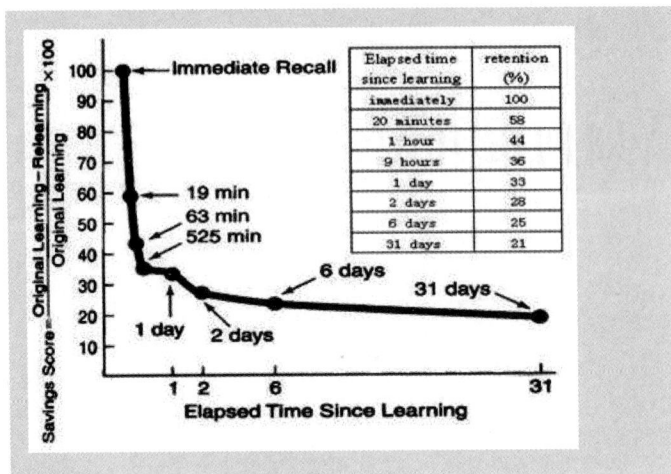

第三个高峰：

下午6点至8点，不少人利用这段时间来回顾、复习全天学习过的东西，加深记忆，分门别类，归纳整理。

第四个高峰：

睡前一小时，利用这段时间对难以记忆的东西加以复习，不易遗忘。

记忆最大的"对手"就是遗忘，从上图我们可以发现，遗忘速度最快的区段是20分钟、1小时、24小时，分别遗忘42%、56%、66%；2—31天遗忘率稳定在72%—79%之间，也就是说，遗忘的速度是先快后慢。因此，我们需要在学习某个材料后及时复习、重复复习。

我们可以尝试以下方法来提升自己的记忆力。

1.形象联想法

把无意义的学习材料，通过联想或想象使其与具体形象、具体场景联系起来，赋予它们人为的形象，有助于增强记忆。比如我们可以把每个省份的地图想象成一个相似的实物图，这样就很容易记住了。

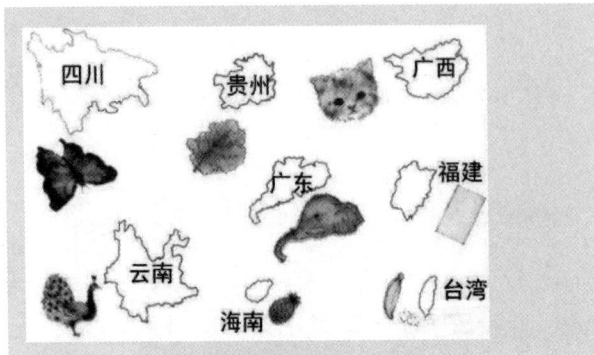

2.谐音记忆法

把无意义的学习材料巧妙地和谐音联系起来，可以激发记忆的趣味，提高记忆的效果。比如圆周率 π 的识记可以使用如下谐音：

3.14159　　26535　　897　932　384　626

山巅一寺一壶酒，尔乐苦煞吾，把酒吃，酒杀尔，杀不死，乐尔乐。

433　8327　95028　84197　16939　937

死珊珊，霸占二妻。救我灵儿吧！不只要救妻，一路救三舅，救三妻。

51058　209　74944592　307

我一拎我爸，二拎舅（其实就是撕我舅耳），三拎妻。

816　406　286　208　9986

不要溜！司令溜，儿不溜！儿拎爸，久久不溜！

——华罗庚

3.比较记忆法

把新旧知识，相似、相近或相反的知识加以联系和区别，对相似而又不同的识记材料进行对比分析，弄清它们的异同，同中求异，异中求同，从而有利于巩固记忆。比如：

巳（sì）满，已（yǐ）半，己（jǐ）张口。其中巳与4同音，已与1谐音，己与几同音，顺序为满半张对应4、1、几 。

4.归类记忆法

相对于零散的知识，系统的知识更容易被快速和长久记住。比如，如果要记住下列10种物品，我们可以把它们先加以分类：猫、小狗、鹦鹉是动物；帽子、眼镜、鞋子、戒指是穿戴在身上的东西；挂钟、桌子、衣柜则是家中的摆设。把这些物品一一分类之后，记忆就容易多了。

猫　帽子　小狗　挂钟　桌子

衣柜　眼镜　鹦鹉　鞋子　戒指

5.交替记忆法

长时间单纯识记一门学科知识的效果不好，因为具有相同性质的材料对脑神经的刺激过于单调，时间一长，大脑的相应区域负担过重，容易疲劳，将会由兴奋状态转为保护性抑制状态，表现为头昏脑涨，注意力不集中。我们可以把不同性质的识记材料按时间分配、交替进行记忆。充分利用"开头"和"结尾"，会使你在同样的时间内，用同样的精力取得更显著的记忆效果。

6.自测记忆法

通过经常性的自测，我们就能知道还有哪些知识没有学好、没记住，哪些地方易混淆、有误差，也就能马上核实校正，避免一误再误。具体来说，自测记忆方法有以下几种：

（1）定期测验：针对所学内容，定期接受相关测验，可以有效温习知识重点，化解知识盲点，系统巩固所学内容。

（2）默写自测：默写出文字符号比只看不写的记忆效果显著。这是因为默写时注意力高度集中，大脑思维积极活跃，必然使记忆的知识得到很好的巩固。

（3）设问自答："假若我是老师，我希望学生掌握哪些问题呢？"如果经常对自己这样提出问题，从多种角度设问自答，就会收到意想不到的效果。因为设问自答能使人进一步明确学习的目的，增强学习的兴趣，激发学习的热情。而这些都是增进记忆的有利因素。

10 如何拓展想象力?

成长的烦恼

小宇认为自己的想象力令人担忧。例如,语文课上,老师让大家多欣赏美文,可是别人喜欢的美文,在他眼中都枯燥乏味;当场命题作文时,许多同学会奇思妙想,很快构建一篇令人赞赏的作文,而自己却总是很难在规定时间内写出一篇中意的文章。物理课上,要想象磁场和电场是怎样存在的,对他来说特别困难。更别提像其他同学那样鼓捣一些小发明、小创造了。

你能帮助小宇插上一对想象的翅膀吗?

心海导航

想象是人的头脑对已储存的表象进行加工改造而创造新形象的心理过程。例如,当我说出鸟,你的脑海里马上就想到各种会飞的形象,如飞机、风筝等等。想象力是人在已有形象的基础上,在头脑中创造出新形象的能力。

想象力不是生来就有的先天素质,而是后天开拓的结果,它是完全能够培养的一种能力。以下方法有助于开拓想象力。

1.增加丰富的表象储备

表象是指过去被感知过的事物在人脑中重现出来的形象。它是想象的基本材料和必要条件。想象是对表象进行加工的结果，并非凭空而生。已有的表象越多样、越具体，越容易产生联想，想象的形象也就越丰富。缺乏相应的表象储备，则难以进行想象。

我们可以通过以下途径来增加表象储备：

（1）课堂学习积累。文化课学习中正确理解图形与符号所代表的意义，通过"词汇联想"掌握词汇描写的各种形象。

（2）加强课外阅读。鲁迅先生说过："读书犹如蜜蜂采蜜，如果仅仅叮在一处，那所得便非常有限了。所以培养想象力，更应该把目光投向课外阅读。"如果你广泛涉猎自然科学读物和社会科学读物，你就能在大脑中储备尽可能多的表象。知识面越广，越有助于想象力的展开。如现代经济学家丁柏根，正是将高深的数学和物理学同经济学加以联系，才创建了计量经济学这门边缘学科。欣赏优秀的影视作品和文学作品都有利于表象的积累。

（3）实践过程储备。丰富的表象也可以在实践活动中累积，无论是课堂内外的科技活动，还是日常生活中的阅历体验，都能帮助我们储备表象。

2.提高文学艺术修养

苏联心理学家捷普洛夫说："阅读文艺作品——这是想象的最好学校，这是培养想象的最有力的手段。"诗人和画家常被认为是最富有想象力的人，因为他们的作品向大众展示了许多形象生动的场景，所以向文学艺术学习想象力是非常有益的。这就要求我们多欣赏优秀的文学美术影视作品，在头脑里"看见"和"听见"作品描述的一切，提高自己的文学艺术修养。

以古典诗歌为例，学习时要通过对诗歌中意象的把握，发挥想象，体会和品味中国古典诗歌特有的意境美。如在欣赏韦庄的《菩萨蛮》时，当读到那句"春水碧于天，画船听雨眠"，我们就可以尽情想象：自己躺在美丽的船上，江南的春雨轻轻地落在船上，落在画面上，船在湖上自由飘荡，江南人美、景美、生活悠闲等画面。

3.勤于观察、善于观察

观察力是指捕捉事物和现象的属性及特征的能力。观察力的强弱直接影响到个体的想象力。

那些伟大的文学家和发明家就是在不懈的观察中悟出事物的特性和本质联系，从而"想象"出一个又一个艺术形象或科学新知。巴甫洛夫为了研究动物的生理活动，连续30多年进行细致的观察，最终提出条件反射概念和高级神经活动学说，荣获诺贝尔生理学奖。可见，人类丰富的创造力想象力是靠执着的观察、探究才培养起来的。对青少年学生而言，在影视文学鉴赏和日常生活中，注意观察和记忆形象具体的东西，在实验课堂上注重正确观察、使用实物、模型等各种直观教具，这都有助于积累新的表象。

4.利用创造活动提升想象力

创造活动特别需要想象力，想象也离不开创造活动，因此，积极参加各种创造活动，诸如兴趣小组、科技竞赛、故事大赛、志愿活动等，这些活动都是培养想象力的有效途径。当我们的想象成果得到展示或者获得表彰时，创造想象的热情会进一步高涨，想象力也会突飞猛进。

5.努力培养正确的幻想

幻想是个人渴望的、指向未来的想象，是青少年的一种宝贵品质。但一个人必须把幻想和现实结合起来，并且积极地投入实际行动，以免幻想变成永远脱离现实的空想。同时，一个人还应当把幻想和良好愿望、崇高理想结合起来，并及时纠正那些不切实际的幻想和不良愿望等等。

11 如何打破思维定式？

成长的烦恼

李老师是一名中学数学老师，每次期末批改试卷时，他总能发现如下问题：有的学生在解题过程中往往把自己掌握的数学概念、公式等生搬硬套到新的题目中；有的学生代数问题只用代数方法解，几何问题只从几何角度去思考，不善于变换认识问题的角度，因而导致无法正确解题；还有一部分学生做题时，会将过去解题的成功经验错误地用于类似的新问题，结果漏洞百出。他们共同的问题，就是思维形成了定式。

你出现过类似情况吗？如何打破思维定式呢？

心海导航

人们由于受固有的知识结构和过去经验的影响，容易产生以相同的方式来认识事物或解决问题的倾向，称为思维定式。构成我们学习最大障碍的是我们已知的东西，而不是未知的东西。打破思维定式可以从以下几个方面努力。

1.突破经验桎梏

突破经验型思维定式要做到以下三点：

（1）突破经验的时空狭隘性。西方有一句谚语："这个人的美味，是那个人的毒药。"由于时间和空间的局限，人们经验的有效运用范围，也是十分狭窄的。一旦超出了原有经验的适用范围，就需要另辟蹊径了。

（2）突破经验的主体狭隘性。青少年学生涉世未深，很多情境和问题是未曾经历过的，如果这时盲目依据以往的有限经验推断，结果可能错误。

（3）对偶然性问题应多加考虑。人们在解决问题时，常常习惯于抓住常见的信息，从而忽略了那些少见的、偶然的信息。但在现实环境中，总会有大量的偶然性情况出现，它们常常与已有经验背道而驰。

平时只玩篮球的你，不妨试试去蹦极或者攀岩；喜欢清淡口味的你也可以试试咖喱土豆和芥末秋葵的味道。

2.尽信书不如无书

书本知识是对客观事物内在本质和一般规律的概括，但如果只限于从教科书的立场和观点出发去观察问题，书不仅不能给人以力量，反而会抹杀我们的创新能力。时代发展，科技进步，专业分工细化，著书者的局限性，这些都要求我们在运用书本知识时，需要勤于思考，联系实际，灵活变通，善于总结，唯此才能针对变化了的现实，高效解决问题。

3.客观审视权威

（1）明确权威的相对性。任何权威都是一定时间和一定领域的权威，要正确区分，不要盲目吹捧、服从。

（2）要解放思想，坚持"实践是检验真理的唯一标准"，敢于质疑权威，提出新的见解。当然质疑权威需要在一定的知识储备基础之上，而非盲目反驳。

著名的指挥家小泽征尔去欧洲参加世界指挥家大赛，决赛时他排在最后一位。拿到评委发下来的乐谱后，他开始指挥乐队演奏，很快他发现不对劲，一开始他以为是乐队的演奏出了差错，就让乐队停下来重新进行，但还是感觉有不和谐的地方，这一次他认为乐谱有问题。但是，在场的作曲家和评委们都郑重声明，乐谱绝不会错，是他的感觉不对。

这些评委都是世界古典音乐界的权威，既然他们众口一词都说乐谱没有错，小泽征尔不免对自己的判断产生了怀疑。但是，他考虑了一会儿，还是坚信自己的感觉是对的。最后，他对所有的评委大喊道："不！肯定是乐谱错了！"这时，评委们全都站了起来，报以热烈的掌声，原来，这是评委会精心设下的一个"圈套"。

由于小泽征尔敢于大胆怀疑，敢于审视权威，从而得到了专家们的认可。

4.不轻易随波逐流

在一般情况下，从众比较有效、经济，能解决大部分常规问题。比如在新的学校，如何在短时间内熟悉校园环境，跟随学长或学姐可能是最快的捷径。

但在需要创新时，从众心理型思维定式不仅不能解决问题，而且还会影响人的创新。如老师要求制作一个关于校园风光的小视频，这时，如果善于转换视角，从逆向思维去探索，从多角度看问题，往往会引起新的思索，产生超常的构想和不同凡响的新观念。"司马光砸缸"就是一个打破从众思维的经典范例。

12 如何培养创造性思维？

成长的烦恼

课堂上，各科老师分别介绍过一些创造性思维的方式，比如逆向推理、头脑风暴、"创不同"等等，并多次强调创造性思维对于我们学习跃进的重要作用。可是这些要求对于梦涵来说似乎很有难度，梦涵觉得自己头脑"一根筋"，思考问题和解决问题都是老套路，对培养创造性思维无从下手。

怎样才能拥有丰富的创造性思维呢？

心海导航

创造性思维是人类的高级心理活动，是政治家、教育家、科学家、艺术家等各行各业出类拔萃的人才所必须具备的基本素质。心理学认为：创造性思维是指思维不仅能提示客观事物的本质及内在联系，而且能在此基础上产生新颖的、具有社会价值的、前所未有的思维成果。

创造性思维是在一般思维的基础上发展起来的，是后天培养与训练的结果。卓别林为此说过一句耐人寻味的话："和拉提琴或弹钢琴相似，思考也是需要每天练习的。"因此，我们可以运用心理上的"自我调解"，有意识地从几个方面培养自己的创造性思维。

1.展开"幻想"的翅膀

心理学家认为，人脑有四个功能部位：一是从外部世界接受感觉的感受区；二是将这些感觉收集整理起来的贮存区；三是评价收到的新信息的判断区；四是按新的方式将旧信息结合起来的想象区。只善于运用贮存区和判断区的功能，而不善于运用想象区功能的人就不善于创新。据心理学家研究，一般人只用了想象区的15%，其余的还处于"冬眠"状态。开垦这块处女地就要从培养想象力入手。

想象力是人类运用储存在大脑中的信息进行综合分析、推断和设想的思维能力。在思维过程中，如果没有想象的参与，思考就会产生困难。特别是创造想象，它是由思维调节的。

爱因斯坦的"狭义相对论"就是从他幼时幻想人跟着光线跑，并能努力赶上它开始的。世界上第一架飞机，就是从人们幻想造出飞鸟的翅膀而开始的。幻想不仅能引导我们发现新的事物，而且能激发我们做出新的努力、探索，去进行创造性劳动。

青年人爱幻想，要珍惜自己的这一宝贵财富。幻想是构成创造性想象的准备阶段，今天还在你幻想中的东西，明天就可能出现在你创造性的构思中。

2.培养发散思维

所谓发散思维，是指倘若一个问题可能有多种答案，那就以这个问题为中心，思考的方向往外散发，找出适当的答案越多越好，而不是只找一个正确的答案。人在这种思维中，可左冲右突，在所适合的各种答案中充分表现出思维的创造性成分。比如我们思考"砖头有多少种用途？"我们至少有以下各式各样的答案：造房子、砌院墙、铺路、刹住停在斜坡的车辆、作锤子、压纸头、代尺画线、垫东西、搏斗的武器……

3.利用逆向思维

奇克·汤普森在《多好的主意啊！》一书中提出了一个可以增强创造性思维

的办法。汤普森在职业生涯中曾经受雇于戈尔公司的创始人，对方希望他在一年时间里每天都为Gore-Tex这项技术创新提出一种新的应用，汤普森做到了。汤普森使用的技巧之一就是逆向思维。如果在思考某个问题或某个主题时想不通，试着问问自己，反过来想会怎样？这种方法在很多情况下都非常有效。例如，如果你和别人争论谁对谁错或者怎样才能赢，你就可以试着反过来想想：你能承认对方是正确的吗？你们双方能都赢吗？你能在让对方满意的同时还让自己赢吗？

4.保持头脑冷静

对于大多数人而言，保持头脑冷静并且调动神奇大脑的全部能力是很难的。东方的冥想传统和西方的祈祷传统是很多人让头脑保持冷静、让新创意浮现出来的常见方式。武术家也会利用静态或动态冥想让自己把握全局，应对多重攻击或状况，避免顾此失彼。由外而内的压力往往会削弱创造力。学会管理你的思维方式，从而让自己能够调动所有能力，这样做能帮助你提高自己的创造力。

5.使用思维导图

在记笔记和进行头脑风暴的时候，尝试使用思维导图而不是无序列表和概要列表。你可以随时随地练习。

（1）什么是思维导图？

思维导图又叫心智图，由心理学家东尼博赞发明，是表达创造性思维的有效的图形思维工具，它简单却又极其有效。思维导图运用图文并重的方式，把各级主题的关系用相互隶属与相关的层级图表现出来，把主题关键词与图像、颜色等建立记忆链接。

思维导图充分运用左右脑的机能，利用记忆、阅读、思维的规律，协助人们在科学与艺术、逻辑与想象之间平衡发展，从而开启人类大脑的无限潜能。

（2）怎么制作思维导图？

准备：空白纸张、彩色水笔，你的大脑和你丰富的想象力。

步骤：先找主题，画出中心词。从白纸的中间开始绘制，周围留出空白；接下来理层次，从一点钟开始，按顺时针画；然后添内容，用曲线把中央的主题和关键词连接起来；根据需要将关键词转换成各种图形；最后进行加工，所有的图案都要上色，所有的线条也要上色。

要注意的是，我们要让思维导图的分支自然弯曲，并学会使用关键词，另外，自始至终使用图形。

坚持七条规则：

第一条规则是纸张——寻找笔感好的纸张；

第二条规则是中心图像——不需要漂亮的"画"，中心图像大小在一拳左右；

第三条规则是颜色——总之就是要五颜六色；

第四条规则是分支——性感曲线最理想；

第五条规则是语言（词语）——为每章起一个标题；

第六条规则是层次化——刻意为之则适得其反；

第七条规则是TEFCAS（尝试）——总之先试试看。

注意事项：

（1）思维导图是一项辅助思考和记忆的工具，但未必在所有领域里都高效，效果因人而异；

（2）思维导图是非常个人化的工具，符合自己思考模式的方法才是最好的；

（3）思维导图最大的作用是帮助思考，帮助记忆；

（4）建议参考别人的思维导图，可能会看不懂，但是可以学习思维方式；

（5）要通过思考自己完成画图，勤于练习，熟能生巧，可以把分析各科目作为基础的训练；

（6）思维导图是很个人的东西，别人看不懂不要紧，重要的是自己看得懂。

※把课堂和书本的知识，用思维导图整理好并作为学习笔记。

※临近考试时，把学习笔记进行小结，并制成思维导图。

※每门功课单独制作一张巨大的、总的思维导图，还可在每门课程的各章节中插入一些事例，以帮助自己加强记忆。通过这种方式，就能弄清楚一些更详细的内容是在何处以何种方式连接起来的。此外，对课程也有更好的整体认识，这样，就可以十分精确地回忆，"蜻蜓点水"般地在该门课程的各个章节之间穿行。

※坚持每周复习一次思维导图，越临近考试就越要有规律。

※试着不看书或者用其他的任何笔记来回忆思维导图，并简要地画出自己所能记忆的知识以及对这门课程的理解的思维导图。进一步再做整理和修正，对于还未掌握好的那部分的记忆，加强复习。

6.提升你的感知能力

心理咨询师、作家迈克尔·盖尔布以身体平衡（亚历山大健身术）和创造性天赋为主题写过一系列很有意思的书。在描述列奥纳多·达·芬奇（人类历史上最聪明的人之一）的多重才能时，盖尔布提到了达·芬奇对感官体验的关注。在吃东西的时候关注味道，多留意身边的色彩，让自己沉浸在动听的声音之中，锻炼触觉的敏感性——你可以通过这些方式锻炼自己的神经网络，让半意识或潜意识的东西浮现出来。敏感性在得到提升后可以提高你听懂别人言语中的真正含义、看到周围发生的一切以及更加完整地感受事件的能力。

最后，别忘了注意锻炼身体。每周两到三次，每次跑两至三公里，多呼吸新鲜空气，做俯卧撑、仰卧起坐，经常到健身房锻炼，这样自己的身体素质才会越来越好。好的身体使自己的注意力集中，创造性思维活跃。俗话说：有健康的身体才能有健康的大脑，有健康的大脑，才会有更健康的身体。

13 如何提升创新能力?

成长的烦恼

　　小华自幼学习刻苦，成绩始终名列前茅，很多老师和亲朋好友都夸赞小华做事严谨、认真、勤奋。可是，小华听到类似的褒奖一点都不觉得开心，因为他觉得，自己只是比较善于处理一些规则和逻辑要求明确的事情，而在创新能力方面，自己似乎远远不如很多同学。比如，美术课上，自己临摹功底很好但想象力不够；每次数学考试分数都较高，但参加奥数竞赛却远远落后于他人……为此，小华内心深感苦恼，不知道究竟从何入手来提高自己的创新能力。

　　想一想，创新能力受什么因素影响？如何才能提升创新能力呢？

心海导航

　　创新是指以现有的思维模式提出有别于常规或常人思路的见解为导向，利用现有的知识和物质，在特定的环境中，本着理想化需要或为满足社会需求，而改进或创造新的事物、方法、元素、路径、环境，并能获得一定有益效果的行为。创新行为的基础和前提是善于激发和捕捉创新的灵感。

　　创新灵感以抽象思维和形象思维为基础，与其他心理活动紧密相连，其产生具有随机性、偶然性，通常稍纵即逝。此外，还与人的情绪息息相关。鉴于创新灵感的这些特点，若要有效地捕捉创新灵感，需要注意以下几个方面。

1.长期探索，积极思考

它是激发和捕捉灵感的最基本条件。"得之于顷刻，积之于平日"，灵感是在长期艰苦劳动后出现的。俄国画家列宾说："灵感是对艰苦劳动的奖赏。"灵感并不是心血来潮、灵机一动的产物，"灵感是一位客人，他不爱拜访懒惰者"（柴可夫斯基）。只有当自己完全被沉思占有时，才可能有灵感。

2.劳逸结合，有张有弛

在长时间的紧张思考之后，丢开一切情绪，漫步于林荫道上或登高远望；荷锄于小园香径或卧床休息，都有助于产生灵感。例如，阿基米德是在洗澡时发现浮力定律的；爱因斯坦是在病床上想到相对论的；华莱士是在疟疾发作时想出进化论中自然选择观点的；凯库勒是在半眠半梦状态中想出苯环的结构的……

3.调节活动，展开讨论

善于调节自己的活动，往往能把自己从思维的死胡同中解放出来，从而有助于激发和捕捉灵感。法国数学家拉普拉斯曾说，他常把某个复杂的问题搁置几天而不去理它，当他捡起重新考虑时，往往发现它变得极为容易。此外，当你的思维遇到障碍时，如果能邀请不同专业的人员一起叙谈，从不同角度探讨问题，往往能使自己摆脱习惯性思维程序的束缚，启发自己思考，使头脑一新，从而捕捉到灵感。

4.随时想到，随手记下

灵感往往"采不可遏，去不可止"，如不及时捕捉，就会跑得无影无踪。因此，必须随身携带纸和笔，一旦有灵感就随时记录下来。英国著名女作家艾丽·勃朗特年轻时，除了写作，还要承担繁重的家务劳动。她在厨房煮饭时，总是带着笔和纸，一有空隙，就立刻把脑子里涌现出的思想写下来。大发明家爱迪生、大画家达·芬奇等也都是这样，他们经常随手记下自己在睡前、梦中、散步休息时闪过头脑的每个细微意念。

此外，为了提升自己的创新能力，我们还可以从以下几个方面努力。

1.丰富知识面，为灵感的孕育提供土壤

创新灵感的产生，并非完全的"无中生有"，它有一定的基础，丰富的知识面就是其中重要的一部分。我国古人说过："博观而约取，厚积而薄发。"这就是说，只有广见博识，才能取其精华；只有积累丰厚，才能用得巧妙。这种取其精华，用得巧妙的过程，就是一个灵光闪现的过程。而知识广博和深厚，又为这种创造性思维活动奠定了良好的知识基础。

创新灵感，往往靠有关事物的启示，触发联想，从而实现认识上的飞跃。那么，开拓知识领域，使自己有广博的知识，就便于发现各种知识之间的联系，受到启示，触发联想，产生迁移和联结，形成新的观点、新的理论，达到认识上新的飞跃。

2.质疑常规思维，为创新提供突破口

常规思维之所以成为常规，乃是因为在大部分情况下它是合理的，换言之，这是人们经验的总结。但世间事物并没有绝对不变的规律可循，总有不按套路的情况出现，意料之外的现象屡见不鲜，按常规思维办事有时于事无补甚至酿成灾难。对于常规思维，在运用的同时加以质疑，这才是合理的思维模式。

举个简单的案例，很多人看过美国大片《泰坦尼克号》，"泰坦尼克号"有一个致命的思维错误，设计师认为船造得越大就越不会沉，越不会翻，其实不然，是船都有可能沉。在这个错误思维的影响下，必要的救生艇、救生衣都没带够，望冰山的望远镜也没带，直到肉眼看到冰山，航行方向来不及调转。一切都是因为许多人固执地认为船不会沉，于是悲剧就产生了。

3.高度集中注意力，指向单一目标

几乎没有例外，创新的灵感乃至作品都是在创造者注意力高度集中的状态下

产生的。从某种意义上讲，注意力就是创造力的一部分，而且是相当重要的一部分。注意力有一定的指向和目标，高度集中的时候，与此无关的方向和目的都会被排除在外，这样就大大提高了思维效率。

比如登山，如果目的不是欣赏沿途的风景，而是尽快爬到山顶，那么在登山的过程中就不该过于留恋眼前的风景，唯有如此才能更快地到达山顶，高度集中的注意力会让人完全无视风景，一心想着山顶而只顾往上爬。不断培养注意力的集中能力，让注意力可以轻易集中在单一目标，这就是在提升创新能力。

4.关注事物细节，提升观察能力

有一句话说："生活中不是缺乏美，而是缺少发现美的眼光。"所谓"发现美的眼光"，本质即是一种观察能力。不但美需要有足够的观察力才能发现，其他任何事物无不如此，尤其是能够给人带来创意的东西。看看下面这幅图，你能发现几个"人头"？

14 如何加强动手操作能力？

成长的烦恼

翠园中学高二理科班的张浩洋同学，因为豆浆机太吵，发明了"隔音防护罩"，因为冬天玩电脑手指太冷，又发明了"暖手键盘"。像这样的小发明还有很多，他还将自己的发明做了网站，链接到中国技术交易所里。此外，他组建了航模社，动手制作飞机模型，社团实验室里摆放着十几架飞机模型，全是他自己动手做的，都能飞。现在，他已经被美国阿拉巴马大学直接录取入读该校航空航天相关专业。

如何加强动手操作能力，让我们的创新思维结出硕果？

心海导航

在学生阶段，我们可以通过以下方法来培养和提高自己的动手操作能力。

1.进行模仿性操作实践

如果你的动手能力差一些，先从做一般家务开始，如学习打鸡蛋、炒菜、做饭、洗衣、熨衣服、饲养小动物、摄影、使用各种家电设备、种树、浇花施肥等。

2.进行"修旧利废"制作活动

巧妙利用废圆珠笔芯、空罐头盒、纸盒、塑料瓶等废料，制作新玩意儿，变废为宝。例如用金属空罐头盒做花和装饰品，用大塑料雪碧瓶制作花篮，用玻璃片做万花筒等。此外，修理门铃、家具、玩具、自行车，拆装旧闹钟、废手表、破电动玩具等，都能养成改造、创新、废旧利用的思维品质和动手能力。如果你不知道怎么做，网络上有很多可供学习的视频，可以跟着一起做。

3.自制玩具或者学具

例如用纸折叠玩具，用蜡雕塑玩具，用鸭蛋壳做不倒翁，用纸张做灯笼、做风车，用细篾制风筝，用铜钱做陀螺等等。真正参与整个发明实践过程，包括自己寻找、准备所需要用的材料；尽量自己设计、自己选择、自己安装。还可以请家长、老师参与自己的制作活动。

4.进行有社会意义的实践活动

利用暑假或者寒假时间，参与到社会实践中。如做超市员工、医院或者火车站的志愿者等等。

5.多参加科技制作组、兴趣组等

每个实验都蕴含着科学的奥秘，有利于发展探索能力和动手创造能力。我们应尽可能参加有老师指导的科技制作小组、发明兴趣社团等，让生活多多闪耀创造发明的火花。

6.要学会修改

许多学生找到了发明创作的好选题，但是由于其他原因没有做出来，这样丧失机会比较可惜。发明创造须反复修改，可以自己修改，可以找同学一起修改，还可以请老师、家长提修改的意见或建议。修改后的作品在实践中还应不断改进完善。

总之，反复实践，多次练习，必定会提升我们的动手操作能力，就像我们小时候学习写字、学习用筷子一样，只有不断练习，最后才能运用自如。

15 如何培养良好的学习习惯？

成长的烦恼

　　小波每天花很多时间在学习方面，总是早起晚睡，可是学习成绩却一直上不去。小波父母找到班主任询问原因，班主任说小波上课从不举手发言，也不爱记笔记，很少预习和复习功课，只是一味地做练习……应该是学习习惯不好导致成绩上不去。

　　如何培养良好的学习习惯呢？

心海导航

　　我们每天从睁开双眼开始，便遵循着上百种习惯进行每天的生活。有人习惯早起，早早到教室，等待上课；有人习惯睡懒觉，每天都在焦急中匆匆奔往学校。良好的习惯是学习的助推器，而坏习惯则会成为枷锁。培养良好的学习习惯，可以从以下几个方面入手。

1.渐进养成

　　马克·吐温曾说"习惯就是习惯，任何人都无法把它一下扔到窗外，只有耐心才能把它一步一步从楼上哄诱下来。"欲速则不达，无论你多么想快速地改变自己，也不要一次尝试改变两个或两个以上的习惯。学习习惯的改变非常困难，需要渐进养成，所以最好一次只集中精力在一个习惯上，坚持一段时间，直到这个习惯已经变成"自动驾驶挡"，你再考虑改变下一个习惯。一次只专注地养成一个习惯，这样成功的概率将是你同时培养多个习惯的三四倍。

根据美国科学家的研究，一个好习惯的养成需要21天，90天的重复会形成稳定的习惯。坚持重复看似很简单，其实不易，因为在养成良好的行为习惯过程中，我们要学会逐步进行，从易到难，坚持到底。

2.行为替代

习惯不能被消除，只能被替代。而要想替代旧的行为习惯，首先你必须对它有所了解，了解这个旧习惯是如何运作的。每个习惯都是自动化进行的，它通常都由三个部分组成：一是"暗示"，即引发你出现某种行为习惯的情境或条件；二是"惯性行为"，即当暗示出现时我们不由自主地出现的习惯性行为；三是由惯性行为带来的"奖励"。你需要了解自己的旧习惯回路的每个部分，然后保持一样的暗示和奖励，植入你所期待的新的行为，用新行为替换掉旧的惯性行为，这样行为习惯就发生了改变。

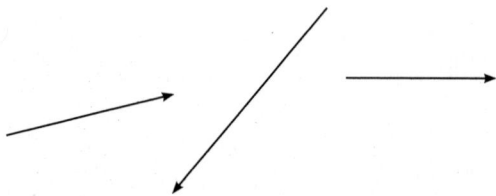

例如，你上课时总喜欢跟身边的同学说话，这个坏习惯影响了你听课的效率。怎么改变呢？你得先找到这个习惯的暗示是什么。有时这个暗示很明显，有时却很隐蔽，难以发现。你讲话究竟是因为你遇到了迫不及待地想与同学分享有趣的事情，还是当你感到焦虑时才有讲话的冲动？抑或当你觉得无聊，无法集中注意力时才会找同学聊天？你需要留心自己每次上课讲话时的情境和情绪状态。比如你可能会发现，每当你听不懂老师所讲的内容，跟不上教学进度，感到焦虑时，你就会去主动找身边的同学说话（暗示）。

你还需要通过不同的尝试去了解自己这个习惯后面的"奖励"是什么。行为缺乏奖励，是不可能坚持去做的，但我们往往意识不到驱动我们做出某种行为的真正渴求。所以我们需要通过不同尝试来发现。比如你可以试试上课不讲话，做点别的，比如认真听老师讲课、看课外书或抄笔记，然后比较一下不同的行为下你的感受。若你做完这些，仍然有想讲话的欲望，这表明刚才所做的一切都不是真正的奖励。如果没有，那恭喜你，你已经锁定奖励的大致范围了。假如通过对不同奖励的试验，你区分出了自己真正的需求，你讲话的目的并不是想与同学分享有趣的事情，而是为了缓解自身的焦虑，把自己从听不懂课的烦躁情绪中解脱出来。接下来你需要做的就是，当暗示（听不懂老师所讲的内容）出现时，你就用一种新的行为（如不论是否理解，迅速地记录下老师讲的要点，下课后再去问老师或同学不懂的地方）去代替掉旧行为，这个新行为必须如同旧习惯一样也能提供你想要满足的东西（消除你内心的焦虑）。

3.双重监督

好习惯必须经过长期的、反复的训练才能形成，它不仅需要依靠个体的毅力，还需要借助外界监督的力量。

一是自我监督。比如每天早晨起来，花几分钟时间想象自己去完成新行为的感受，以及养成新习惯将带给自己的成就感。每天结束时，简要总结自己在行为习惯养成上的进展，并记录下来，贴在你随时看得见的地方，不断地提醒自己。

二是他人监督。若发现之前的方法收效不大，自己意志力不够时，就需要借助外部的监督。比如把你的习惯养成计划告诉你身边的朋友，请他们监督你，主动让自己产生一些压力。或与那些有着好习惯的人做伴，好的榜样不仅会给你提供正确的指导或引导，而且会产生积极的推动力。或者找一个和你一样想改变这个习惯的人，组成互助小组，相互监督。当你和一个群体一起努力时，你改变的成功性会大大提高，即使这个群体只有两个人。

16 如何提高用脑效率?

成长的烦恼

在生活中我们常常可以看到，有的人才思敏捷，有的人反应迟钝；有的人过目成诵、博闻强记，有的人却事过即忘、知识贫乏。前者往往是学习和生活中的强者，后者却常常为落伍而苦恼。确实，在现代社会，有个高效率的头脑，实在是件最令人羡慕的事。

想一想，若要保持头脑高效率运作，需要注意什么?

心海导航

科学用脑，提高用脑效率，需要了解大脑的相关常识，掌握大脑活动的规律。

1.大脑仍在进化

脑科学专家约翰·梅迪纳指出，人类在地球上为了适应各种复杂的环境，需要不断地进化，大脑也是如此。人的大脑过去在进化，现在依然在进化。"大脑进化"对每一个人而言，实际上就是对大脑的开发。

科学家发现，目前人的大脑利用率只有5%-10%，就连天才爱因斯坦的大脑利用率也不足15%。所以开发大脑，对每个人都是有可能的。

但是如何开发大脑呢？通俗地讲，就是要多学习、勤思考。多学习可以不断激活尚未开发的区域或者区域中尚未开发的部分；勤思考可以强化已经开发的脑区神经细胞链接。所以，同学们要记得多学习、勤思考哦！

2.每个大脑的连接方式都不同

人脑是非常复杂的，不能简单地用IQ、EQ进行衡量。它们的确能反映部分差异性，但是远远不能完全地反映人与人之间的差异性。因为大脑的连接方式决定了每个人都是与众不同的。同学们结合自身的差异性和兴趣一定能找到适合自己的学习方法。

每个学生都可以成功

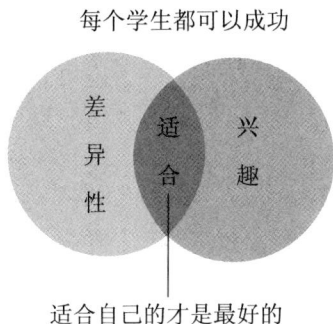

适合自己的才是最好的

3.大脑需要休息

把休息放在最后，不是休息不重要，恰恰是因为休息太重要。

（1）对于轻度疲劳，最好的休息方法是用一种活动代替另一种活动。比方我们前面提到的把文理科的课程交替地学习。这样的做法可以让大脑皮层中的兴奋剂从一个区域转到另一个区域，结果大脑皮层的神经系统不但不会疲劳，反而有助于两种学习相互促进。

（2）大脑需要保证睡眠。睡眠可以让大脑进入深度休息阶段，充足的睡眠是保证大脑工作的重要因素。由于长时间地工作、学习等，大脑皮层神经细胞疲劳。充足的睡眠会消除这种疲劳，恢复脑力。儿童和青少年每天至少要睡9—10个小时。中午可以小睡，让脑细胞得到休息，以充沛的精力投入下午的学习中。

（3）压力会影响大脑工作。适度的、暂时的压力可以激发大脑的潜能。但是长期处于高强度压力之下，会损伤大脑。研究表明，长期的压力不仅损伤身体（比如长期处于压力下的人群患感冒的可能性是普通人的3倍），而且影响大脑工作，最终不仅影响学习成绩，还会降低学习能力。所以同学们要做好学习规划，争取今日事今日毕，不要把所有事情堆在一起，给自己造成压力。

17 如何加强时间管理?

成长的烦恼

开学以来,萌萌常常忙得手忙脚乱,感觉作业量倍增,知识的难度也随之加大,每天写作业都会写到很晚。每逢周末,萌萌更是苦恼,虽然心里清楚:"时间就像海绵里的水,是挤出来的",但他还是觉得时间不够用,因为萌萌既想做自己感兴趣的事情,又有一大堆作业要写,真不知从何做起!妈妈总是对萌萌说:"你要提高你的办事效率,加强对时间的管理。"听到妈妈这么说,萌萌心里更茫然了,他实在不知道要如何做才能高效管理自己的时间。

亲爱的同学,你曾经历过和萌萌类似的烦恼吗?如果你也觉得时间不够用,你会怎么办?

心海导航

进行高效的时间管理,是有方法可循的。

1.学会罗列清单,制订计划

如果瓶子是你的时间,那瓶子容量的大小就是你可以自主安排时间的多少;

而你往瓶子里装的东西就是你必须要完成的任务。所以为了有效地管理时间，我们需要清楚地知道瓶子容量的大小和瓶里要装的内容。具体而言，我们首先要明确自己每一天可以控制的时间量以及每一天必须完成的任务，然后评估完成每个任务所需时间，最后再根据自己的时间曲线安排任务，制订计划。

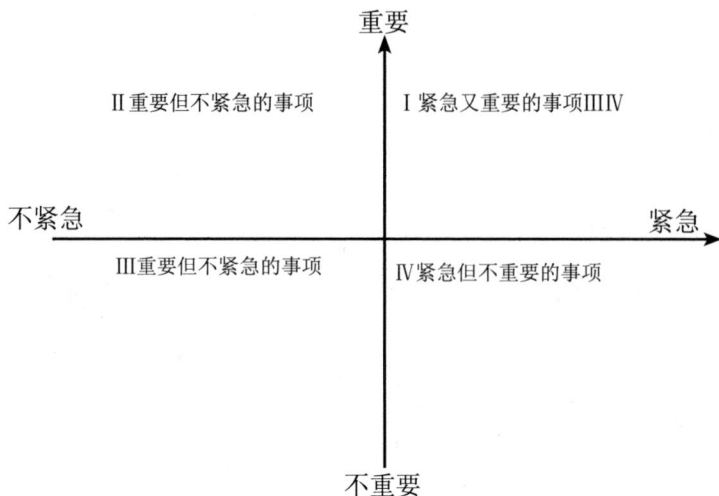

2.重要的事情优先做

如果瓶子是你的时间，装进瓶里的东西是你必须做的事情，那么你生命中的石块、碎石子、沙子和水分别是什么呢？

根据时间的紧急程度和重要性，将一天要完成的事务分布在上图的四个象限中。生活中，很多同学在第四象限花的时间最多，因为处理这类事件没有任何压力，比如，一场激动人心的直播球赛，或同学邀请你玩游戏、打球、逛街时，你可能会不假思索地答应；其次，第三象限花的时间也较多，比如，看休闲杂志、看热播动画片、发呆聊天等，这类事件能轻易地吸引同学们的注意力，且不需要意志力便能比较轻松地参与。但时间管理的重点应放在第一、二象限的事务上，若我们能每天留一点时间来处理重要但不紧急的事情，我们就能未雨绸缪，时刻保持领先。

3.分割任务，见缝插针

　　当我们面对一个巨大的任务、被它压得喘不过气来的时候，可以试着把它分成小块，使它易于管理，然后相应地安排自己的时间。这样做，一方面帮助我们明确了完成这个任务的各个步骤，畏难情绪会减轻；另一方面，任务被分割成小块之后，能帮助我们更好地利用零碎的时间，比如，背诵诗词和外文单词，我们可先拆分任务，然后利用课余、饭前饭后、等人等车、散步无聊等零散时间来背诵，每次完成一小段，不知不觉中就能完成全部的任务，实现时间利用最优化。

18 怎样做好学习笔记？

成长的烦恼

老师们都说记笔记很重要，高二（1）班的小丽同学也是这样认为的，她平时学习努力，笔记做得非常认真，恨不得把老师讲的每句话都记下来。来不及记的时候，也会去借同学的笔记来看，把自己落下的补起来，她记了一本又一本厚厚的笔记，但是每次要考试前复习的时候，又觉得要看的内容太多了，根本来不及看。

你平时会做笔记吗？你是如何最大化利用你的笔记的呢？

心海导航

记笔记绝对是一件因人而异的事情。一个人记笔记的方式可以反映出他的做事习惯、思维习惯和工作流程。对一些人来说，把信息组织成提纲和列表的形式非常有帮助；对另一些人来说，笔记就是用一种新的视觉方式来呈现信息。

不管你用的是什么体系，大家所面临的挑战都是一样的：我们如何从庞杂的信息中，过滤掉无关的内容，只留存重要的信息？

这个过程看起来似乎很复杂，但其实不然。笔记的所有体系大致可以分成两类：线性的和非线性的。你可以根据个人的偏好、课堂的需要或者大脑运作的方式选择一种。下面这些是最常见的一些方法。

1.提纲法

提纲法格式

1.主标题

2.主标题

    （1）次级标题

    （2）次级标题

    （3）次级标题

        ①三级标题

        ②三级标题

3.主标题

4.主标题

提纲法的起源可以追溯到16世纪，通常在纸质笔记中会看到它，通过这种笔记法，你可以用罗马数字和阿拉伯数字对记录的信息进行排列。

在线性提纲中，可以加入项目符号或者其他图标来辅助记录。这种笔记策略适用于所有的课堂形式，并可以帮你快速记录相关内容。除了捕捉知识要点之外，还可以帮你整理和记录与主标题相关的次级标题。因为这种记笔记的方式旨在捕捉课堂中最重要的部分，同时还能迅速把笔记切换成问题的形式，这就大大提高了复习考试的效率。

2.康奈尔笔记法

20世纪50年代，康奈尔大学发明了康奈尔笔记法。这种笔记法可以称得上是笔记界的极品了。

第一步，准备笔记本。

（1）准备出一个专门的笔记本。

（2）画一条水平线，连接纸的左右两端的边线。这条线会把页面的上下两部分比例划分为3：1，距离页面底端留出约5厘米的空隙。这块是预留出来做总结的区域。

（3）在左侧画一条垂直的线。这一竖线应该在距离左侧边线约2.5英寸的地方。这一块是用来复习的区域。

（4）在页面右边空出了很大的一部分空白。这一块是用来做听课笔记或者读书笔记的区域，让你可以有充足的空间来记录一些要点。

第二步，记笔记。

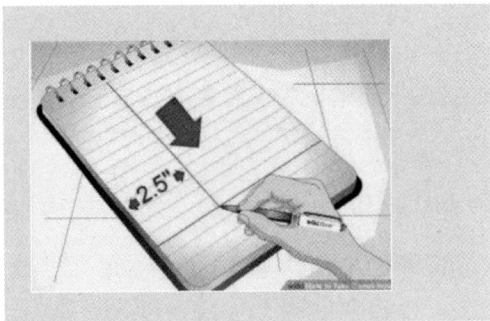

（1）在页面顶端写上你的课程名称、日期、授课的题目或者所读书目的标题。坚持这样做，会让你的笔记更加系统，而且当你复习的时候也更加容易找到你想要复习的那部分内容。

（2）在每页最大的一块区域做笔记。当你在听课或者阅读的时候，只能把笔记记在右手边的区域。笔记应该包括：老师在黑板上的所有板书内容或者是幻灯片中的内容。

（3）利用笔记主动学习，包括主动听讲和阅读。当你把遇到的每个要点都记下来时，都要留意重要信息的发出讯号。如果你的老师这样子说："XXX的三个最重要的含义是……"或者"XXX现象发生，是由两个基本的原因造成的"，那么，这样的信息就应该被记到你的笔记当中。被反复强调的东西最有可能是重要的。

（4）保持简洁。专注于获取关键词或者关键语句，这样你才能跟得上老师的速度——之后你将有足够的时间查缺补漏。不要试图把每一个字都记在纸上，使用着重号、特殊符号（比如用"&"代替"和"）、缩略词或者你自己"发明"的速记符号。这样你更容易保持注意力去跟上思路，同时也不会遗漏信息。

（5）记录中心思想。抛开解释性的例子，把主旨或者主要思想记下来，而不要试着去记录那些例证，例证只是为了证明中心思想而存在的。对中心思想的转述不仅可以节约时间和空间，也会迫使你用自己的语言表述那些给出的观点，这将会让你更容易记住它们。

（6）记下你遇到的任何一个疑问，不论什么时候。如果有什么地方是不懂的或者不清楚的，那么就把它快速地记下来吧。这些疑问会有助于你消化当前的知识。

（7）时刻纠正你的笔记。如果你的笔记中有任何难以读懂的或者没有意义的东西，那么就趁着这些知识还在你脑海中的时候改正它吧。

第三步，复习和拓展。

（1）总结关键词。复习时把浓缩后的要点（关键词等）记录在左手边的那一栏。关注那些关键的字词和那些最为重要的概念。用一天时间来重温一遍课程材料，这将会达到加强记忆的效果。你也可以把页面右侧一栏中的主要观点画线标记，或者是用荧光笔圈出。

（2）在左栏中写出联想到的相关问题。思考右栏中的笔记内容，猜测可能出现在考试中的问题，然后写在左栏中。接下来，这些就会成为我们学习的工具。

（3）把总结写在页面底部的那一栏。这将会使你的思路更加明晰。一般来说，我们的总结写上短短几句话就足够了，如果必要的话，可以

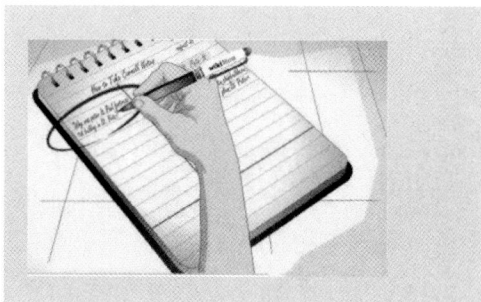

再附上公式、方程、图表。你可以用自己的语言来总结内容的要旨，这是检查你的理解程度的好方法。如果你可以用自己的语言来总结要旨，那么就说明你对课程材料有了一定程度上的掌握。然后，你或许可以问问自己："如果我要向别人解释这些观点，我该怎么说？"但是，如果你在总结某段课程材料的时候遇到了麻烦，不妨看看自己的笔记中是否有什么问题还未弄明白，或者可以直接请教老师。

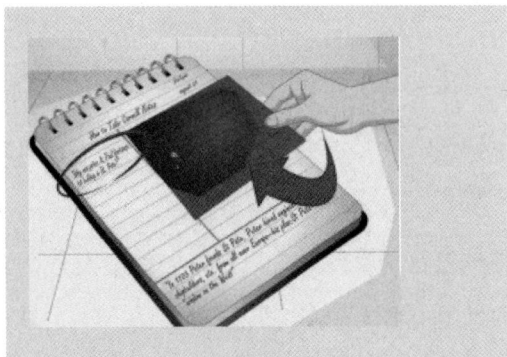

第四步，把你的笔记用起来。

（1）阅读你的笔记。专心看你左栏和低栏中的笔记，这些地方记录了你在测验或者考试中最需要的那些要点。

（2）用笔记来测验你对知识的掌握程度。用你的手掌或者一张纸盖住你右手边那一部分，试着回答你曾经在左栏中写下的那些问题，然后拿开手掌或者纸片进行核对。你也可以请你的朋友来提问。

（3）尽可能频繁地复习笔记。在较长时间内，保持时时复习的好习惯，而不是在考试前才临时抱佛脚，这将极大地提高你的记忆力，并且深化你的理解。

19 怎样科学地进行复习？

成长的烦恼

小东对待学习非常认真，他坚持按照老师和爸妈的建议，每次课后都进行复习。可是很长一段时间以来，小东发现每次复习并没有多大的用处，只是将已经学过的东西再次浏览一遍。慢慢地，小东开始有些懈怠和迷茫，不知道是否还要坚持每次课后都复习功课。

怎样进行复习才能帮助我们提高学习的效率呢？

心海导航

复习，不是简单地阅读已学过的材料，而是要达到进一步消化已学习过的知识和发展思维能力的目的。

1.及时进行复习

按照心理学的规律，遗忘在学习以后就立即开始，其趋势是先快后慢，记过的材料开始遗忘得多，之后遗忘量逐渐减少。要提高记忆的效率，必须在学习新材料之后立即开始复习，而不要等到遗忘开始之后才进行。

2.分散复习

对已学材料的复习，不能集中在一段时间内进行，而要分散在不同的时间段内进行，这有利于提高记忆的效率。如何分散复习的材料，则要根据材料的数量、难度与每个人自身的能力而定。

3.复习方式多样化

分散复习与集中复习相结合是良好的复习方式。上课以后，可以当天及时复习，还可以每天复习与每周的阶段复习相结合，或者把逐步的复习与更长阶段（一个月、一个学期）的复习相结合，这样更有利于巩固记忆的效果。

4.加强练习

应用知识既是复习知识的形式，也是深入领会知识、培养技能的途径。因此，在学习新知识后采取书面作业、实际调查、参观实验和社会实践等多种方法进行实践和练习，可以进一步巩固所学知识，扩大知识面，并使自己的能力也得到相应的发展。

5.复习与创新相结合

通过各种练习和实践进行复习，还应有意识地开拓思路，发展创造性思维。例如，在解题或实际应用时，有意识地设立不同的情境，从不同角度以不同的"变式"解决问题，将有利于拓展思路，培养创新能力。

20 如何培养良好的阅读习惯?

成长的烦恼

贝贝是一个爱读书的孩子,从小爸爸妈妈就带着贝贝到新华书店买书,到图书馆看书,贝贝从儿童绘本看起,到后来可以一口气读完一本厚厚的小说或者童话书,贝贝还有一个自己的小书橱,里面放满了读过的书。贝贝还喜欢把书借给同学看,同学有好看的书也会借给贝贝,因为读书多,知识面很广,贝贝成为同学心目中的"读书王",大家都很喜欢跟她交谈、做朋友。

你是不是也想成为像贝贝一样爱读书的孩子呢?怎样才能养成良好的阅读习惯呢?

心海导航

小学是培养阅读能力、阅读习惯的重要阶段。

阅读不仅是对文字符号的理解,也是心理体验的过程,能够产生感觉、知觉、记忆、思维、言语、情感、意志、兴趣等心理现象。阅读的过程就是读者与作品情感内涵引起程度不同的共鸣的过程,从而产生美的享受,或激起某种崇高感情,或改进处事态度,这就是阅读的魅力所在。

阅读使人终身受益。阅读是我们学习新知识的主要途径，认识世界的主要方式，阅读能力的发展对一个人其他方面的发展有重要影响。阅读也有利于提高人的智力水平，阅读还会影响一个人对记忆方法的使用，有利于对记忆内容进行理解和记忆；阅读还会影响学习成绩，阅读能力强的学生学习成绩会更好。

具体就是要做到"四到"，即眼到、心到、口到和手到。

（1）眼到：也就是要把注意力集中到书籍中；

（2）心到：也就是要边读书边思考，理解书中内容；

（3）口到：就是根据情况选择默读或朗读；

（4）手到：要养成做读书笔记的习惯或随手做标记的习惯。

当然，大家还是未成年人，还处在长身体的阶段，希望大家读书时要注意保持脊柱挺直，眼睛与书保持一尺的距离，间隔30分钟或45分钟休息一下眼睛。

21 如何提高阅读效率？

成长的烦恼

高一的小智说，班上爱读书的同学不少，大家最喜欢的就是阅读课了。不过大部分同学都倾向于看科幻、动漫、奇幻或网络校园小说等作品。因为这类作品幽默易懂，读起来比较轻松。但每每拿出来看，就会被老师收缴。也有少数同学喜欢读经典名著，如《简·爱》《傲慢与偏见》《复活》等。可是有时读起来，又会觉得内容理解有些困难，难以准确把握主题。小智也爱好阅读，但不知为何，他书读得不少，可自身的写作水平也没见有多少提高。

如何提高阅读的效率呢？

心海导航

阅读是人们获得知识的一种最基本、最重要的途径。阅读可以增加我们的知识积累，开阔我们的视野，丰富我们的想象力，改善我们的思维品质，提升我们的创造力。

世界上许多名人之所以成功，与他们善于读书有关。比尔·盖茨每年大约读50本书，相当于一周一本。但成功人士并不是什么都读，对于要读的书，他们非常挑剔。他们读书是为了自我提高，获得教育和成功，而不是消遣。文学评论家别林斯基认为阅读一本不适合自己的书，比不阅读还要坏。当然读书要有成效，不仅取决于读什么，更取决于怎样读。

1.选择读什么

精选阅读范围是有效阅读的前提。如何选择最有价值、最适合自己的读物呢？

陶行知在1932年写了一篇《怎样选书》的文章，给一本书的好坏，拟定了三条判断的标准：（1）我们要看这本书有没有引导干了一个动作又干一个动作的力量；（2）我们要看这本书有没有引导人想了又想的力量；（3）我们要看这本书有没有追求新益求新的新价值的力量。

比尔·盖茨最喜欢的10本书中，有一本是史蒂芬·平克的《人性中的善良天使：暴力为什么会减少》。他说，这本书证明世界正变得更和平，它不仅是史学家们思考的一个问题，而且是一个关于人性以及更美好未来可能性的深刻宣言。同时，他认为这本书对自身世界观的塑造可能超过其他任何一本书。

2.选择恰当的读书方法

培根认为"有些书只需浅尝，有些书可以狼吞，有些书要细嚼慢咽，慢慢消化"。由此可见，阅读是有方法可循的。

阅读的方法科学与否，取决于阅读的目的。目的不同，当然阅读的方法与技巧、速度与精细程度等也都不一样。常见的阅读方法有三种：

（1）泛读

对于学生来说，拓宽知识面，储备知识，对于学习成绩的提高尤为重要。要达到这一目的，泛读法是最恰当不过的。

泛读指的是广泛阅读，其目的是扩大知识面，开阔视野，吸收对自己有用的信息，进行知识的储备，促进知识的迁移。泛读的范围没有一定限制，既可以是与自己学习有关的书籍，也可以涉猎自然科学、社会科学，古今中外各种不同风格的优秀作品，以博采众家之长。马克思写《资本论》时，就曾钻研过1500多种书，以搜集大量的所需资料。泛读的速度通常较快，但速度快并不等于不思考，而是要粗中有细，胸中要有全局。

浏览是泛读的一种形式，指的是以尽可能快的速度来搜寻信息的一种阅读。浏览一般采取默读方式，浏览篇名、序跋、前言、目录、大小标题、图表、结论等。通过浏览，不但可以从中获得有用信息，还有助于我们对全书的概貌以及风格特点有一个基本的认识，从而决定接下来的阅读策略，是精读、粗读，还是选读等。

（2）精读

朱熹在《读书之要》中说："大抵读书，须先熟读，使其言皆若出于吾之口；继以精思，使其言皆若出于吾之心，然后可以有得也。"这里"熟读而精思"，即是精读的含义。其特点主要表现为：其一，有明确的、特定的目的；其二，要细读多思，反复琢磨，反复研究，边分析边评价，务必求精、求透、求深，根据需要可采用做注解和旁批等方法，针对一篇文章进行全方位多角度的分层研读。

精读一般适用于工作、学习和考试复习中需要精确理解和记忆的内容，也就是当我们要全面、深刻地掌握读物的内容，把读物中的基本概念、观点、理论弄通时，适合采用精读法细细反刍，消化吸收。

学生掌握教材就是典型的一种精读，大致的过程是：

第一步	上课前先将相关教材略读一遍，了解主要内容，找出问题和难点
第二步	上课时，在听老师讲授的过程中，反复阅读教材；并做好笔记，以便理解书中的重点和难点
第三步	课后要及时复习上课讲的内容，对那些重要的知识要点进行反复理解及记忆。在此基础上，完成相关的课后作业

精读的方法有多种，其中，复述式阅读就是简单高效的精读法之一。它指的

是读完之后，阅读者把读物的内容用自己的话说出来的阅读方法。通过复述文章中的精美词句、修辞手段、布局谋篇方式等，逐步在脑子里形成各种原型，当需要时，就会呼之即出。古语云："熟读唐诗三百首，不会作诗也会吟"，验证的就是复述式阅读的意义。

复述可分为简要复述、详细复述和创造性复述，进行复述阅读时应该注意以下事项：

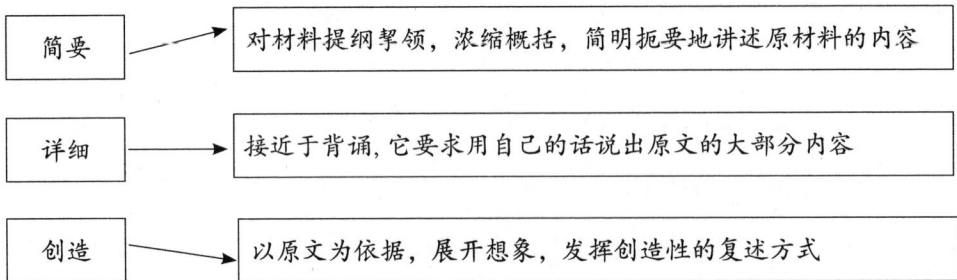

简要	→	对材料提纲挈领，浓缩概括，简明扼要地讲述原材料的内容
详细	→	接近于背诵，它要求用自己的话说出原文的大部分内容
创造	→	以原文为依据，展开想象，发挥创造性的复述方式

首先，认真阅读原材料，充分理解文章内容，理清文章结构脉络，从整体上认识文章，找到段落主题句。采用多感官协同识记的方式记忆文章的内容。

其次，把阅读材料按内容分成几部分，找出其中的逻辑关系，并适当地列出复述提纲。

最后，不同体裁的文章，复述方式也应不同。复述议论文时，要突出论点、论据和论证的过程；复述散文、杂文等，可采用分段法，抓住主题句，以写景与抒情的交织顺序为线索；复述故事、小说，着重讲清过程，围绕过程讲清时间、地点、人物，事件的起因、发展、高潮、结果，其间可通过合理的联想补充细节。

22 怎样克服考试焦虑?

成长的烦恼

小薇平时上课认真,学习积极,经常受到老师的好评。可是每次参加考试,尤其是期中、期末考试,总会不自觉感到焦虑、紧张,中途遇到难题时,更容易慌乱,以至于最后连简单的题目都经常出错,考试成绩总是不理想。

你有什么方法可以克服考试焦虑吗?

心海导航

学习焦虑,是指担心达不到预期的学习目标和未能克服学习障碍的威胁,致使自尊心、自信心受挫而产生的一种紧张不安与恐惧的情绪状态。学习焦虑的突出表现是考试焦虑,即在临考前或临考时产生紧张与恐惧的情绪状态。考试焦虑表现在临考前神情紧张、忧虑,在临考时肌肉紧张、心跳加快、血压上升、手足发凉、注意力不集中、思维僵化、记忆力下降,原本熟悉的材料这时也因过度紧张而回忆不起来,严重时还会出现"晕场"的现象。

产生考试焦虑的原因:一是对考试的意义估价过高,认为考试成绩不好,不仅影响个人在班级的威信,脸上无光,而且影响教师对自己的看法与信任等等;

二是对考试的结果期望值过高，提心吊胆，害怕失败；三是有的学生精神脆弱，承受不了风险刺激，容易产生考试焦虑。

以下方法有助于我们克服考试焦虑。

1.正确认识考试的意义，端正考试的动机

要认识到考试的目的只是检查教与学的成效，这有利于检查自己的学习态度和学习能力，有利于调整对自我的认识，进行自我完善。

2.对考试成绩的期望值要符合个人实际

考试成绩的高低决定于平日学习的努力，而不是决定于考试本身。如果平日努力不够，复习不够，而企图在考试时侥幸地获得高分数，这是不符合实际的想法。克服这种侥幸心理，就可以降低考试焦虑。

3.平日努力学习，加强准备，以平常心应试

克服考试焦虑最好的办法是加强平时的努力，彻底吃透教材，克服学习中的难点，有备无患，信心十足。这样才能以平常心应试，稳操胜券，克服考试焦虑。

4.有意识地克服"怯场"现象

考试时产生的"怯场"现象，可能是由于对考试信心不足而临场慌乱；可能是缺乏应试的经验与技能，临时碰到问题无力应付；还可能是由于学生个人的气质与性格特点不能适应紧张的场面。因此，除了从心理上消除应试的障碍外，还应从应试的技能方面进行加强。如在考试前检查应携带的物品；考试时如何沉着地阅读试题；如何思考答题的步骤与策略；碰到困难时如何应付；如何对自我的情绪状态进行调整等等。

23 怎样做到合理归因？

成长的烦恼

在期中考试中，A同学考了575分，比新学期入学考试进步了很多。巧的是他的好朋友B同学和C同学也考了575分，不过比起入学考试，他们两个人都退步了。提起这次考试成败的原因，三人各有不同的想法。A同学认为自己的进步是由于自己最近学习用功，而且方法得当。B同学看到自己退步了这么多，于是就想可能自己的智力水平不够，不能适应越来越复杂的学习任务。C同学则将考试失利的原因归结为自己最近放松了对学习的要求，不够努力。

你最认同哪位同学的归因方式？我们怎样才能做到合理归因呢？

心海导航

人们通常把获得成功或遭遇失败归因于六方面的因素：（1）能力，比如评估自己对学习是否胜任；（2）努力，比如反省、检讨自己在学习过程中是否尽力而为；（3）难度，比如凭个人经验判定学习或考试的困难程度；（4）运气，比如自认为此次成败是否与运气有关；（5）身心状况，比如学习过程中个人当时身体及心情状况是否影响学习成效；（6）其他，除上述五项外，其他相关的人与事的影响因素，如别人帮助或评分不公等等。

这六个因素根据来源可以分为内部因素（源于个人条件）和外部因素（来自外在环境）；根据稳定性可以分为稳定因素（性质稳定，在类似情境下具有一致性）和不稳定因素（容易波动变化）；根据可控性可以分为能控制因素（由个人意愿所决定）和不能控制因素（不被个人意愿所决定）。这六个因素的分类说明见下表：

成败归因因素分类表

六大因素	因素分类					
	因素来源		稳定性		可控性	
	内在	外在	稳定	不稳定	能控制	不能控制
能力	√		√			√
努力	√			√	√	
学习难度		√	√			√
运气		√		√		√
身心状况	√			√		√
其他		√		√		√

在学习生活中，我们一般会表现出某种特定的归因偏好，而对成败的不同归因通常直接影响个人的积极性、自信心和行动力。因此，主动分析自己的归因风格，练习学会合理归因，尽力避免归因偏差，对于塑造积极、健康的学习与生活态度十分重要。我们可以从以下几个方面入手。

1.培养深入剖析的能力

人们在总结自己学习或生活事件成败的原因时，常常只描述诱发行为的直接原因，而回避探索深层次的根本原因，形成浅层归因偏差。然而，合理归因习惯的养成，需要我们学会分析事物的本质，探索自身潜意识动力，发掘事件深层次原因，以确保归因客观科学。

2.兼顾内外部归因

研究发现，人们在解释自己的行为时，常常倾向于主观以外的因素，强调客观因素，容易导致怨天尤人，逃避责任，形成外部归因偏差。这提示我们，在归因的过程中，要重视探索内部因素，着力从自我改变开始，兼顾内外部归因，形成维持或改变的合力。

3.坚持系统发展的视角

不少同学在对自己行为进行归因时，缺少全面客观、整体把握、综合归纳的意识和能力，而是只见树木、不见森林，只论一点、不及其余，形成片面归因偏差。青少年学生应练习从系统整体的角度、动态发展的观点来评价和判断事物，以调整归因风格的合理性和弹性。

4.塑造积极归因的习惯

不少同学习惯用一些不可控制或具有稳定性的因素来解释自己的行为，如个人禀赋、天资、任务难度等，会对进一步激发改变的动力造成阻碍，形成消极归因偏差。事实上，越来越多的心理学研究发现，积极的归因风格、乐观的人生态度、自我悦纳和激励的个性特征，将有效帮助我们克服困境、保持动力、乐享生活。可以通过积极暗示、自我赞美、目标强化等一系列手段，来培养自己积极归因的习惯。

24 如何适应新阶段的学习？

成长的烦恼

小学期间，罗楠的学习成绩很优异，学得也很轻松。升入初中后，学习课程增多，知识难度加大，老师的讲课速度也快了许多，他有些不适应。虽然他和之前一样专心听讲，认真完成作业，但学习效率大不如以前，成绩一直不理想。

怎样才能尽快适应新阶段的学习呢？

心海导航

升入初中学习，刚开始感到不适应是很正常的现象，只要你及时调整学习的方式方法，适应初中的学习也并非难事。

1.自主安排，学会独立

初中学生要逐渐摆脱对老师和父母的依赖，主动规划自己的学习。可以每天确定自己需要完成的学习任务，并在没有人监督的情况下，独自完成。在完成老师布置的作业之后，学会及时反思自己的学习状况，查漏补缺，根据自身学习情况，补充弱势科目，发挥优势科目。

2.集中精力，提高效率

充分利用课堂时间，提高自己的注意力，在上课时及时做笔记，努力理解老师所讲的内容，保持良好的课堂效率。及时进行课前预习和课后复习，有助于上课注意力的集中，对知识的理解和记忆可以达到事半功倍的作用。

3.多思多问，学会合作

学生在初中学习过程中重难点很多，有时候自己不能完全掌握。遇到问题要学会及时向老师请教，不把疑问积累到下一个学习过程中，否则会影响整个后期的学习效果。同时也可以加强与同学之间的讨论，了解彼此不同的思考方式，这样可以检视自己思路上存在的偏差，达到拓展自己思路的目的，对知识的掌握也将更加全面。

4.摆正心态，积极面对

万事开头难，初中学习是一个长期的过程，可能有同学在一开始会发现自己更努力但是学习却更差了，也有的同学会觉得学习变得更累了，找不到小学时候学习的乐趣。没有任何事情是一蹴而就的，尤其是面临转变的时候，我们还在适应期，感觉到困难是正常的。摆正自己的心态，积极去应对，相信自己只需要花一些时间。当我们适应了初中学习时，会再次发现学习的乐趣，体会到学习带给我们的成就感。

25 如何消除学习疲劳？

成长的烦恼

小明是班上的学习委员，因此，在学习方面，小明一直非常刻苦，几乎每天都晚睡早起。功夫不负有心人，小明的学习成绩也一直名列年级前茅。可是，小明最近觉得自己对于学习有些倦怠，注意力也容易涣散，每次看会儿书就觉得非常疲劳，甚至有时怀疑读书究竟为了什么？这让小明甚是苦恼。

小明的问题出在哪？你用什么方法消除学习疲劳呢？

心海导航

学习疲劳是因学习时间过长、学习强度过大而在生理和心理上产生的劳累感，使学习效率下降，乃至产生倦怠心理。学习疲劳最明显的表现是腰酸背痛、肌肉痉挛、眼球发胀发疼、打瞌睡等。在心理上，表现为感觉器官活动的机能降低、注意力涣散、思维迟钝、情绪烦躁、易怒、忧郁等。学习疲劳是大脑的一种保护性抑制，它使大脑活动的机能降低。长期过度的疲劳可能造成神经衰弱，但一般的学习疲劳经过适当休息即可恢复。

消除学习疲劳，避免学习倦怠，需要注意以下几个方面。

1.科学用脑

大脑有左右两半球，两半球的主要功能不同，左半球主要同抽象的智力活动如数学计算、语言分析等逻辑思维活动有关；右半球则主要同音乐、色彩、图形、空间想象等形象化的思维活动有关。为了克服疲劳，就要使大脑左右两半球交替使用，把数学、哲学等需要高度抽象思维的活动同音乐、绘画、文娱体育活动交替进行。

2.劳逸结合

学习过程要有间隙的休息，特别要注意使脑力劳动与体力劳动、文娱体育活动结合起来交替进行，这样有利于消除学习疲劳。同时应保证有充足的睡眠时间。

3.顺应生物钟的节律

按照人体生物活动的规律，上午7点至10点时，机体的生物机能处于上升的状态，10点左右精力最充沛，是学习与工作的最佳状态，此后逐渐下降，至下午5点后又再度上升，到晚上9点达到最佳状态。因此，学习时间的安排应顺应人体生物钟的节律变化。但这一变化规律会因地区与个人而有所不同，应研究自己身体机能工作的规律，以合理安排作息时间。

4.具有远大的理想和抱负

在整个学习过程中，为了实现学习的目标而保持坚强的意志，有始有终、锲而不舍、百折不挠、坚持到底地克服学习意志上的软弱和动摇，是保证学习获得成功的重要心理品质。

自我成长篇

ZIWO CHENGZHANGPIAN

26 心理健康的标准是什么？

成长的烦恼

　　自从看了一些心理学的书籍，大明格外关注自己和身边人的心理状态和行为反应，他很好奇每一种状态和反应是否正常，怎样才算心理健康的人。

　　你知道心理健康的标准有哪些吗？

心海导航

　　心理健康是指一种持续且积极发展的心理状态，在这种状态下，主体能做出良好的适应，并且充分发挥其身心潜能。目前，国内研究者一般认为，人的心理健康包括以下七个方面：智力正常、情绪健康、意志健全、行为协调、人际关系良好、反应适度、心理特点符合年龄。

　　划分心理正常与异常的标准有很多，主要包括统计学标准、社会文化标准、生活适应标准、经验标准、医学标准，等等。表现在具体的生活中，心理健康的标准应包括以下几项。

1.充分的适应能力

　　个人应能依据环境的变化调整自己的心态与行为，谋求对环境的适应。

2.对自己有适当的评价

心理正常的人应能了解自己的动机和目的，对自己的能力有适当的估计，能作自我批评，但不过分苛求自己，也不过分夸耀自己。

3.生活目的切合实际

个人应具有较为明确的生活目标。既追求上进，又脚踏实地，不好高骛远。

4.与现实环境保持接触

心理健康者能现实地看待社会、工作和家庭中的问题，不常误解周围的人和事，乐于了解社会现实问题。

5.能保持人格的完整与和谐

心理健康者自信、自尊，有独立的价值观，不觉得自己有义务顺从他人的意见，也不过分寻求社会赞许，热爱生活，从学习和工作中能体验到乐趣。

6.具有从经验中学习的能力

个人应能从失败中获得经验，重视学习新知识、新技能。

7.能建立和保持良好的人际关系

心理健康的人对别人的情绪具有一定的敏感性，不会为自己的需要而苛求别人，他们重视群体的需要，接受群体的传统，在群体中是较受欢迎的人物。

8.适当的情绪发泄和控制

符合心理健康标准的人能对自己的情绪作适当的控制，又不过分压抑自己的情绪。

判断一个人心理是否健康，更重要的是从整体进行分析，并以经常性的行为为依据。有的人在某些方面不符合心理健康标准，但他能维持相当完整的社会生活，应判断为大致上心理健康。

27 如何全面准确地认识自己?

成长的烦恼

　　课堂上，老师请同学们用10个形容词或短语描述自己是一个什么样的人。原本简单的事情，可是娇娇却犹豫不决，她觉得自己是一个比较内向的女生，可是身边的朋友常常评价她热情开朗。她觉得自己做事比较仔细认真，但想起最近几次考试中的粗心大意，又觉得自己似乎很马虎。这样一来，娇娇真不知道该用什么词来形容自己。

　　你有这样的体验吗？哪一个才是真实的自己呢？怎样才能全面而正确地认识自己呢？

心海导航

　　青春期是个体自我意识发展的第二个飞跃期（第一个飞跃期出现在婴儿阶段）。很多中学生会感觉自己是个矛盾体，有时开朗外向，有时却内向孤独；有时积极进取，有时又消极颓废；有时感性，有时又很理性。通过以下努力，可以帮助我们更加全面准确地认识自己。

1.在活动中认识自己

各种课内外活动为你了解自己提供了机会，在活动中，你可以发现自己的优势，提升自己的自信。你也可以找到自己与他人的差距，明确自己的奋斗目标。因此，除学习外，你可以尽量尝试参加各项活动，如文学创作、科技小发明、体育锻炼、书法绘画、声乐舞蹈、公益活动等，通过这些活动来增进对自己的了解。

即使参加同样的活动，获得同样的结果，因为我们对结果的解释方式不同，我们对自己的看法也可能会不同。例如，你去参加英语演讲比赛，但获得的名次并不理想，如果你认为这个不理想的结果是因为自己的英语口语能力不如别人，那么你从这个活动得出来的结论就会是：我不擅长英语演讲。但如果你把这一结果归结于其他原因（如你没有认真准备比赛或者你抽签的顺序对你不利），那你就不会得出你英语演讲能力不行的结论了。所以不同的原因解释方式会影响到你对自己的看法和评价。

2.在比较中认识自己

很多人是通过与其他人进行比较来认识自己的。例如，你想了解自己个子长得算高还是矮，最简单的方法就是和其他人比一比身高。但你得出的这个关于你自己的结论很大程度上依赖于谁是你比较的对象。如果跟同年龄、同性别的群体进行比较，能更好地得出关于你身高的结论。而如果跟异性比，或与比你年长或年幼的人相比，所得出的结论的可靠性都差一些。也就是说，当我们和与我们相似的人进行比较时所获得的信息才是比较可靠的。如果你总是与比自己差的人比，容易盲目乐观自信；若总是与更强的人比，虽然可能会激起你奋发向上的动力，但长期如此也容易形成自卑心理。

其实，我们还可以和自己比较，即把自己的现在和过去比，自己的目标和现实状况比，可以看到自己已经取得的进步，明确进一步努力的方向。

3.在反省中认识自己

"吾日三省吾身"。要认识自我,除了要观察自己外在的言行,还要不断向内探索,观察和思考自己言行背后的动机和情感体验。比如,你是怎么判断自己是个外向还是个内向的人呢?也许你会留心自己在活动中的外在行为表现:同学聚会时如果你总是往人堆里凑,心里想什么就大声地说出来,那么你就不会把自己归于害羞内向的类型。你也可以通过内省的方式来认识自己,觉察自己在聚会中的内心情感体验。如果一听说有聚会你就很兴奋,总是期盼着快点见到参加聚会的其他同学,你可能属于活泼外向的性格。如果和他人在一起总是让你感到焦虑或不舒服,你希望能远离人群,那么这样的内心感受就在告诉你,你其实是有些内向的。

4.在反馈中认识自己

古语说:"以铜为镜,可以正衣冠;以人为镜,可以明得失。"作为社会的一员,我们不断地与他人互动、交往,我们的言行举止乃至思想品行都会给他人留下这样或那样的印象。多听听老师、同学、父母及其他人对你的看法和评价,了解自己在他们心目中的形象,看看他们的评价和你对自己的评价是否一致,不断校正自我评价,才能比较全面、客观地认识自己。

5.在测试中认识自己

专业科学的心理测试,也有助于我们探索自己的气质、性格、价值观、能力倾向、职业兴趣与偏好等各个方面。当然心理测试并非百分百的准确,它也有局限性,它只是帮助我们了解自己的工具,而且最好有专业的心理咨询人员来解释结果,才能对我们有所帮助。

28 怎样做到自我悦纳?

成长的烦恼

张雪从农村考入重点中学,按说应该很开心很骄傲才对,可开学不到一个月,张雪就哭了好几次,因为她发现自己在新班级是那样格格不入,土气的穿着打扮和捉襟见肘的生活费是她意料之中的困窘,但更让她内心煎熬的是自己拙劣的表现:当众发言时的脸红,举手投足不够大方,对书本之外的知识了解甚少,内向敏感,容易生气。后来,她鼓起勇气走进学校心理咨询中心,才终于明白自己的症结在于无法接纳自我。现在的她开朗大方,尽管依然不太爱主动说话,但脸上却充满着自信的宁静。

猜一猜,张雪是怎么做到的? 你有什么方法做到自我悦纳呢?

心海导航

我们可以从以下几个方面努力,以做到自我悦纳。

1.和自己对话——认识自己的心理特质

你是不是有过这样的经验:明明非常喜欢对方,却偏偏表现出讨厌他的神态；父母越说不能做的事情，就越想去试试；在众人面前讲话，脑子里想着要镇定自如，谈笑风生，但就是会不自觉地手脚发抖，大脑停转。"为什么我想成为那样优秀的人，却只能成为现在这样不优秀的自己？"其实，所有的问题都来源于我们并不认识、也不了解自己内部的某些东西。只有当我们更好地了解自己，出现这类问题的几率才会越少，我们也就能更好地对待自己，与他人相处。正如老子在《道德经》里告诫的那般：知人者智，自知者明。

心理自我包含很多方面，比如性格、气质、能力、兴趣、理想、动机、价值观、情绪应对方式、交际方式等等。我们可以通过自我思考与反省、与他人比较、熟悉的人给予的评价、在实践中探索衡量等方式来了解与分析心理自我。当然心理学上类似于房树人这样的纸笔测试或沙盘、罗夏墨迹测试这样的投射测试等方法都可以帮我们快速了解心理自我。一个人的自我了解可能是终其一辈子不断深入的过程。

2.合理地分析——了解理想自我、他人自我与现实自我的差距

理想自我是"我想成为怎样的一个人，我应该是怎样的一个人"。想想小时候，多数人都写过"我的理想"这样的作文，但是有多少人在长大以后会一直追随儿时的理想呢？因为现实自我在变化，理想自我也会变化。心理健康的人的理想自我既符合实际又具有动力，略高于现实自我，两者始终紧密联系在一起，理想自我在变化，现实自我通过努力不断跟随而上，最终一步步走向自我实现。同样，如果别人眼中的你和实际生活中的你反差太大，你可能需要好好探索原因，他人自我比现实自我优秀，也许是他人对你期待过高或者你隐藏了自己的很多缺点；现实自我比他人自我优秀，也许是你较少在他人面前展现自我。当然，有些时候，他人自我依赖于对方对我们的熟识程度，不一定客观公正，所以如果要了解他人自我，需要向多个熟悉我们的同学进行求证。

列夫·托尔斯泰说过："理想有胜于现实的地方，现实也有胜于理想的地方，唯有把这两者融为一体才能获得完美的幸福。"

3.停止不必要的比较——客观分析自己与他人之差距

朱德庸小学和中学时的学习成绩很差,有一天,他问父亲:"我是不是很笨?"父亲说:"当然不是。""那为什么无论我如何努力也赶不上其他同学?"父亲不知该如何解释。后来他开始变得越来越自闭,平常总爱待在自己的小屋内独自画画。父亲发现他把在学校所受的委屈和打击全都发泄在画纸上,各种内容的画让父亲眼前一亮。后来,有一天,父亲带他去动物园看老虎,回来后对他说:"人和动物一样,都有各自不同的天赋。老虎强壮,善于奔跑;猫则温顺、灵敏,虽然不能像老虎那样威风和霸气,但也具备老虎不具备的天赋与本能,它能上树,能抓老鼠。人们都希望成为老虎,而这其中有很多是猫,久而久之,变成了一批烂老虎。儿子,你天生对文字迟钝,但对图画却非常敏感,为什么放着优秀的猫不当,而偏要当很烂的老虎呢?我不希望你成为一只烂老虎,我相信你一定能成为一只好猫!"此后,朱德庸专心致志地把漫画当作一生的追求,终于创造出《双响炮》《涩女郎》等许多优秀作品。

作家龙应台在"人生"一文中曾经回复一封信给一位自卑读者,信中写道:"设想一个跑道上,有人正在跑五千米,有人在拼百米冲刺,也有人在散步。那跑五千米的人,看见那跑百米的人全身紧张、满面通红,心里会'颤抖'吗?不会的,因为他知道自己是跑五千米的。那清晨散步遛狗的人,看见那跑五千米的人气呼呼地追过来了,他会因而恐惧,觉得自己要被'淘汰'了吗?不会的,因为他知道自己是来散步的。"

你真的"平庸"吗?其实要看你让自己站在哪一条跑道上。如果你决定做那清晨散步的人,怎么会有"平庸"的问题呢?会不会你的气定神闲、你的温和内敛、你的沉静谦逊,反而就是你最"杰出"的人格特质呢?

4.减少消极的自我暗示——学会积极的自我陈述

《心理学大词典》上这样描述心理暗示:"用含蓄、间接的方式,对自己或别人的心理和行为产生影响。暗示作用往往会使人不自觉地按照一定的方式行动，或者不加批判地接受一定的意见或信念。"心理暗示分积极和消极两种，很多同学都有切身体验，在学习与生活中，懂得使用积极的心理暗示，可以让事情更加美好，而习惯使用消极的心理暗示，往往会把事情弄得更糟。因此，积极的自我陈述、自我表扬、自我激励都有助于对自我的全面接纳。

5.行动胜于雄辩——战胜自卑，悦纳自我

有时候你会干得很漂亮，有时候你会失败。但二者都不是成功的标准。成功的标准是你对自己的所作所为怎么看。"让自己幸福的办法是喜欢自己，喜欢自己的办法是只做让自己感到骄傲的事情。"这是临床心理学教授马克·刘易斯在2000年得克萨斯大学毕业典礼上的发言。

每个人都有着多方面的才能，这方面有缺陷，可从另一方面谋求发展。一个身材矮小或过于肥胖的人，可能当不成模特和仪仗队员，但也许能当成功经理人或者科学家。你只要有了积极心态，对自己扬长避短，你的缺点不但不会成为你的障碍，反而可能会成为你的福音，因为它会促使你更加专心地关注自己选择的发展方向，加倍努力来获得超出常人的发展，这就是心理学上的补偿机制，即为克服自己生理上的缺陷或心理上的自卑，而发展自己其他方面的长处，赶上或超过他人的一种心理适应机制。正是这一心理机制的作用，自卑感就成了许多人超越自我的成功动力。身材矮小的拿破仑、身短耳聋的贝多芬、小儿麻痹症的美国总统罗斯福、长相不佳的冯小刚、马云……太多卓越人士的经历验证了这一点。

29 如何提升自信心？

成长的烦恼

小秋一直成绩优秀，而且擅长绘画，但是小秋自己总觉得缺乏自信，"来自农村，身材矮胖，普通话不标准……"这些念头几乎每天都萦绕在小秋心头，使得她在公众场合讲话时总是唯唯诺诺，容易紧张。有一次，学校选拔优秀学生参加全市青少年素描大赛，班上的老师和同学都推荐她代表学校去参加，可是小秋一直推却，总觉得自己不够优秀。

你有过不自信的体验吗？你有什么方法提升自信心吗？

心海导航

自信，就是一个人对自己能够达到某种目标的乐观充分的估计。自信对一个人很重要。拥有充分自信心的人往往不屈不挠、奋发向上，因而比一般人更易获得各方面的成功。可以说，自信意味着已成功了一半。

然而遗憾的是，缺乏自信的人仍随处可见。研究显示，人们之所以缺乏自信，有的人甚至自卑，原因很多，但有一点可以肯定：这完全是后天形成的，与先天无关。因此，可以这么说，是人们自己把自己搞得没了自信，从而影响了自己的成功与前途。还是那句话：最大的敌人就是你自己。

那么，我们该如何科学、有效地培养自己的自信心呢？

1.经常关注自己的优点和成就

如果总想着自己的缺点和失败，当然会越来越没信心。这不是灭自己的威风吗？你必须长自己的志气。你总会有许多优点和成就的，把它们列出来，写在纸上，至少写出五个优点和五项成就。对着这张纸条，经常看看、想想，在从事各种活动时，想想自己的优点，并告诉自己曾经有过什么成就。这叫作"自信的蔓延效应"。这一效应对提升自己自信的效果很好，有利于提高从事这项活动的成功率。

2.多与自信的人接触和来往

"近朱者赤，近墨者黑。"你若常和悲观失望的人在一起，你也将会萎靡不振。若你经常与胸怀宽广、自信心强的人接触，你一定也会成为这样的人。多与有志向、有信心的人交朋友吧。

3.自我心理暗示

不断对自己进行正面心理强化，避免对自己进行负面强化。当你碰到困难时，一定不要放弃。要坚持对自己说："我能行！""我很棒！""我能做得更好！"等等。你重复对自己念叨有信心的词语，是一种很重要的自我正面心理暗示，有利于不断提升自己的自信心。这已被心理学研究所证实。

4.树立自信的外部形象

一个人保持整洁、得体的仪表，有利于增强自己的自信心。举止洒脱，行为端庄，助人为乐，目不斜视，就会有发自内心的自信。同时，加强锻炼，保持健美的体形，对增强自信也很有帮助。

5.保持一定的自豪感

对一个人来说，谦虚是必要的，但不可过度。过分贬低自己，对自信心的培养是极为不利的。人不可有傲气，但不可无傲骨。要相信自己，充满自豪感。

6.学会微笑

微笑会增加幸福感，进而也能增强自信心。你不妨试试看，一笑，自信从中而来，几乎立竿见影。

7.懂得扬长避短

在学习、生活、工作中，要经常抓住机会展现自己的优势、特长，同时注意弥补自己的不足，不断求得进步。这样，你就会提高成功率，也会得到更多的赞扬声，肯定能增强自信。

8.多阅读名人传记

因为很多知名人士，成名前的自身资质、外部环境并不比你好，有的甚至在你的年纪时，比你现在的情况差远了。多看一些这方面的材料，会让你知道你其实是具备成功的条件的，成功也是完全来得及的，这样有助于提升你的自信心。

9.做好充分准备

从事某项活动前，如果能做好充分的准备，那么，在从事这项活动时，必然较为自信，从而有利于顺利完成这项活动。一旦这项活动做得很成功，必会反过来增强整体自信心。

10.给自己确定恰当的目标

目标太低，太容易实现了，不能提高自信心。但目标也不能太高。目标太高，不易达到，反而对自信心有所破坏。恰当的目标是：用力跳起来刚好能碰到的高度。

30 如何打破自卑情结？

成长的烦恼

"怎样可以不内向？怎样可以不自卑？"这是亚兵不断拷问自己并反复求助咨询师的问题，他急切地想帮助自己改头换面。亚兵出生在农村，家庭条件很一般，但是学习成绩一直很冒尖。亚兵每次来咨询几乎都是穿着一双纯白色但沾满泥水的运动鞋，嘴唇上留着一撮不太对称的胡须。有一次同寝室的同学对他开玩笑："亚兵，你怎么长得这么丑？"亚兵当时情绪反应特别大，像被触动了敏感神经，而正因为这样，同学们觉得"刺激"他很好玩，此后便时常会有同学"打击"他"丑"。本来就比较内向、不善辩驳的亚兵不知不觉变得喜欢照镜子了，但每次都让他很不满意，甚至越看越丑，于是暗自下定决心要改变自己，除了外表还有自己内向自卑的性格。

自卑情结像是侵占我们身体和人格的寄生虫，我们该如何从内向和自卑的阴影中救赎自己呢？

心海导航

要打破内心的自卑情结，需要注意以下几点。

1.气质特点无好坏

根据内向和外向的程度、情绪的兴奋和抑制水平，心理学上把人的气质分为多血质、胆汁质、黏液质、抑郁质四大类型。其中，多血质表现为外向、活泼、善于交际、情绪外露、体验不深刻等等；胆汁质表现为外向、冲动、反应迅速、情绪激烈等等；黏液质表现为内向、情绪稳定、充满耐心等等；抑郁质表现为内向、言行缓慢、情绪丰富、优柔寡断等等。有的人把交往受挫和不自信等一系列问题归因于性格内向，于是讨厌内向，希望能变成一个外向活泼的人。实际上，气质中的内、外向极大程度上是天生的，而且没有好坏之分，内向和外向都可以受到别人的欢迎，都有机会成为"好性格"。历史上和生活中有很多德高望重、辉煌成功的人士是性格内向者。

如果你是一位性格内向者，正为性格内向而忧愁时，不妨全面、客观、仔细地观察一下外向者的生活，你会发现，外向者也许正为性格外向而烦恼。成功和受欢迎的关键在于是否了解自己、悦纳自己，扬长避短，发挥优势，让自己的性格每天变美一点点。

2.在自卑中寻求超越

一天，心理学教授去上课，他问台下一百多名学生："认为自己从小到大从来没有任何一个方面让自己自卑过的同学请举手。"奇怪的是，只有两位同学举起了手，而且埋头思考了半分钟又放下了。

自卑看起来是一个负性的东西，是让我们封闭和退缩的理由。实际上，自卑普遍地存在于每一个人身上，只是表现的形式不一样，有的人孤僻疏离，有的人虚荣掩饰，有的人沉浸过往，还有的人奋起改变。奥地利心理学家阿德勒（Alfred Adler）在《自卑与超越》中指出："自卑感不是某些人的专有感觉，每个人都或多或少地会感到自卑，自卑感深埋于人类文明文化之中，自卑情结甚至构成了人类文明和日常生活的基础。自卑既是一种能量的限制，又蕴涵着巨大的能量。有些人被自卑限制终身，有些人却因为自卑感被激发巨大的潜能，对社会做出了不可估量的贡献"。因此,自卑本身不是病态,如何认识、克服和超越自卑感,能否借助自卑感强大的推动力来获取积极的补偿和升华,才是决定性格与人生的关键所在,比如,有的人因为从小体弱多病而不断钻研,最后成为著名的医学专家;也有的人因为家境贫困而发奋图强,逐渐变成了资产庞大的企业家……

3.找到自己的亮点

人的性格就好像硬币的两面,总有优势的地方和不足的地方。如果我们仅仅纠结于自身的缺点,也许经过很长时间这些缺点会有所改善,但常常感受到的是对自己的不满和改变的艰难甚至失败。倘若我们多关注自身的优点,并且通过行动实现其价值,那么我们收获的是成功、快乐和自我悦纳。很多人有一颗追求美的心,但却缺少一双发现美的眼睛,亚兵每年都获得一等奖学金,但他却说"成绩好有什么用",殊不知好的成绩同样是让很多人艳羡的焦点。生活中,要常常鼓励自己,找到自己的亮点,让自己发光,才能照亮你追求完善的路。

4.做适合自己的"整形"

除了良好的自我接纳,当然也需要努力去发展和完善自己,改正生活中的一些小毛病,学习一些他人的成功经验,培养一些良好的行为习惯等等。但是,所有的改变应该是适合自己的,而非盲目的、从众的。

亚兵本身并不喜欢白色的运动鞋,而且与他有点黝黑的皮肤不太相称,并且他喜欢踢足球,白鞋极易弄脏,但是他却追随同学买了好几双白色的球鞋;亚兵并不喜欢蓄胡须,而且长长的胡须耷拉在他的脸上夺去了他大半的青春风采,他只是希望胡须能够让他更加自信,但实际上胡须无法给予他能量。因此,在追求自我完善的过程中,要切忌盲目攀比和追随,应选择适合自己的方向去改变,做适合自己的"整形"。

31 如何走出孤僻的阴影？

成长的烦恼

秦月上初中了，但总是独往独来，喜欢独自待在家里，有时出去玩也不知道该玩些什么；平时家长、老师问话时，总是低头不语；班上开展集体活动时一个人躲得远远的，总觉得与同学格格不入，不知如何与他人交往，同学也不愿与她接触。秦月生活中缺少了普通中学生应有的朋友、热情、活力，多了一份内心的孤独、苦闷、沮丧。

怎样才能告别孤僻的烦恼呢？

心海导航

孤僻是一种比较常见的心理行为状态。当事人往往表现为不合群，不能与人保持正常关系，经常离群索居，对他人怀有厌烦、戒备和鄙视的心理；凡事与己无关、漠不关心，一副自我禁锢的样子；如果与人交往，也会缺少热情和活力，显得漫不经心、敷衍了事。这种现象在中学生群体中比较常见，有调查这个比例是5%-8%。

孤僻会给人的身心健康带来一些不良影响。因孤僻缺乏同学、朋友之间的欢乐与友谊，交往需要得不到满足，孤僻者内心往往很苦闷、压抑，难以感受到人世间的温暖，看不到生活的美好；容易消沉、颓废；缺乏群体的支持，遇到困难时无人可以求助，整天忧心忡忡。这种消极情绪长期困扰，也会损害身体健康。

迄今为止，造成孤僻的原因还不明确。但很多研究表明，个人心理素质、父母离异、缺乏母爱、粗暴的教育方式、交往中的挫折等不良刺激可能是导致孤僻的重要原因。

那么，该如何改变孤僻的行为习惯呢?

1.克服自卑

由于自卑而觉得自己不如别人，所以不敢与别人接触，是造成孤僻心态的重要原因。不冲破自卑这层束缚，就难以走出孤独。其实，每个人都有长处和短处，每个人都是独特的个体。只要自信一点，就会摆脱自我束缚，进而克服孤僻心理。

2.多与外界交流

如果你经常感到孤独，不妨通过某些方式达到交流的目的。如可翻翻旧日的通讯录，看看以往的影集，也可给某位久未联系的朋友写信、打个电话或请几个朋友吃顿饭、聚一聚。当然与朋友的交往和联系不应该只是在感到孤独时，要知道，别人也和你一样，需要体会到友谊的温暖。

3.确立人生目标

现代人越来越害怕自己跟他人不一样，害怕在不幸时孤立无援，害怕自己不被人尊重或理解。这种由激烈的社会竞争导致的内心恐慌，无疑使一些人越来越孤独，心灵也越来越脆弱。要克服这种恐慌与脆弱，就必须为自己确立一定的人生目标，选择和培养一些兴趣与爱好。一个人活着有所爱，有所求，就不怕寂寞，也不会感到孤独。

32 如何避免以自我为中心？

成长的烦恼

小凯是个很能干的人，会画画、拉小提琴，每次班级搞文艺比赛都由他策划，回回都能拿奖。不过他的毛病也十分突出，以自我为中心，自以为是、自视清高，看不起同班同学，觉得这个没素质、那个老土，连老师也不如自己父母那么有修养。同学向他请教问题，他常常说"这还不知道，自己看书去"，不爱跟别人多说话。他对人的感情比较淡薄，几乎没有一个可以同进同出的伙伴。有人说他"活在自己的世界里，太自我了"。

你有什么方法避免过于以自我为中心呢？

心海导航

以自我为中心是一种严重影响人际交往的心理状态。以自我为中心的人，为人处世总是以自己的需要和兴趣为出发点，只关心自己的利益得失，很少在乎别人的感受。他们总是从自己的经验出发来解释一切，并且盲目地坚持自己的观念，顽固不化，从不轻易改变态度。

主要的调适方法有：

1.接受批评，与人平等相处

只有能够接受别人正确的意见，承认自己的错误，才有可能改变过去固执己见、唯我独尊的形象。以一个普通人的心态和身份与人平等相处，不过分苛责别人，真诚热情地对待他人，才能使人际交往的天平始终处于平衡的状态。

2.正视社会现实

每个人都有其各自的欲望与需求、权利与义务，这就难免出现矛盾，不可能人人如愿。因此，必须做到正视客观现实，学会礼尚往来，在必要时做出一些让步。自我对权利与欲望的追求是正常的，但不能为了一己之利忽视他人的存在。

3.从自我的圈子中跳出来，设身处地地替其他人着想

理解他人，尊重、关心、帮助他人，才可能获得别人的回报，并从中体验到人生的价值与幸福。

4.加强自我修养，学会控制自己的欲望与言行

把自我利益的满足建立在合情合理、不损害他人的基础之上，充分认识自我中心意识的不现实性、不合理性与危害性，对他人多一份关爱，少一份索取，所谓"赠人玫瑰，手有余香"，这样，你往往能体会到世界上更多的美好。

33 如何摆脱虚荣心？

成长的烦恼

　　龚立从乡下考上城里的重点高中，成为全村人的骄傲。新学期开始不久，父母却发现孩子变了很多，他经常打电话向父母要钱，喜欢买品牌服装，再也不肯帮父亲上街摆摊卖水果，说是太丢人了。而龚立的烦恼，在他看来是父母无法理解的，班里有些同学一双阿迪达斯的鞋就够他一个月的生活费了，他觉得自己的乡土气息在这个城市班级里让自己抬不起头来，心情不好时很想埋怨父母为什么不能给他创造更好的家庭环境。可是话到嘴边，他又说不出口。他不明白，只是换了个环境，自己怎么就变了呢？

　　你有什么方法摆脱虚荣心呢？

心海导航

　　虚荣心是自尊心的过分表现，是人们为了取得荣誉和引起注意而表现出的一种社会情感。虚荣心普遍存在于每个人心中，只是强度不同，表现形式不同。青少年处于自我同一性阶段，十分期待他人对自我价值的肯定，因此特别在意自我形象，常常会被虚荣心所驱使，去做一些违背真实内心的行为。如物质上的盲目攀比，对自身外表、成就表现出的妄自尊大等。

以下方法有助于我们摆脱虚荣心。

1.合理地与他人比较

我们每个人都难免会滋生渴望与人比较的心理。当他人的某些条件、某些方面超越自己时，我们就会忽视自己的某些长处和优点，这种认知上的失调容易造成心理失衡，可能会导致嫉妒、虚荣或自卑。

高一新生渴望在新的环境里脱颖而出，产生比较是正常的，因为理性的竞争能够帮助我们确立进步的参照系，能激励我们克服困难，超越自我。而过分的比较往往是虚荣的起点，比家境、比父母、比外貌、比吃穿用度，难免使我们自惭形秽，只有通过虚假的言辞或不当手段才能满足虚荣心。

我们要知道，每个人的起点不同，成长环境有异，每个人的性格、气质、特长、脾气都不同，所以不能指望我们都有同样出色的外表和同样辉煌的成功。每个人都是独一无二的，每个人都有优点和缺点，别人擅长的对你来说也许是困难的，你拥有的可能别人一辈子都得不到，所以不要拿别人的标准来衡量自己。如果硬要横向比较，不妨试试与他人比视野开拓，比学习进步，比勤奋努力，比用心做事等等。当然更好的方式是纵向比较，即与自己的过去相比较，看到自己的进步，与自己的目标相比较，了解自己的差距，通过不断努力来完善自我，超越他人。

2.正确对待他人评价

他人评价是自我认识的重要途径之一，它可以帮助我们纠正自我认识的偏差，克服自我认识的主观性和片面性，形成较为客观的自我。在成长过程中，从亲子关系到师生关系、同伴关系，我们从越来越多的他人评价中了解自我，获得足够的经验，然后按照自己的需要去规划自己的成长道路。高中生正处于价值观形成和塑造的时期，很容易因他人的评价而影响自己对人对事的看法。

一个故事说：一个画家画了一幅颇为得意的画后，拿到画廊去展览，为了提高自己的绘画技巧，画家在旁边放了一支笔并附上他的要求——每一位观赏者如果认为画有欠佳之笔，均请在画上做记号。晚上，画家取回了这幅画，发现整个画面都被涂满了记号，几乎没有一处不被指责。画家决定换个方式试试。他又画了一张同样的画拿到画廊去展览，不过这次要求与上次不同，他要求每位观赏者将他们认为最欣赏的妙笔都标上记号。第二天，他发现原先被指责的地方，现在都换上了赞美的标记。

这个故事告诉我们，他人的评价是基于他人的是非参照标准，难免有主观性，未必完全正确，我们需要辩证地看待别人的态度和评价，要经常提醒自己：闻过则喜，从善如流，有则改之，无则加勉。只有这样，才能避免自己被虚荣心所驱使，为追随他人眼中的完美形象而做出不当的选择。

3.接纳自我，完善自我

羌族女孩尔码阿依3岁时因意外被截肢，她通过努力终于成为艺术团的歌手，被网友誉为东方维纳斯。她说："每个人都有缺陷，或迷惘，只是我的缺陷在身体上，无法隐藏在心里。对我而言，绝对不能让身体的缺陷影响自己的心理健康，只要内心是阳光的，那么外在肯定不会暗淡。"

通过隐瞒、夸大和攀比等手段来满足虚假的自尊，会使自己经常处于神经质的防御状态，心理压力增加。人无完人，我们要对自己的优点和缺点有一个客观的认识，不要过高估计自己的优点，也不要遮盖自己的缺点，尤其是自己无法改变的短处，比如：可能不够聪明，家境不够富裕，性格不够活泼，没有什么特长等。要清晰地认识自我，敢于暴露自己的不足，接纳真实的、不完美的自己，通过后天学习来完善自我，身心才能得以解放，轻松快乐前行。

4.用积极的方式满足尊重的需要

古代诗人屈原说："善不由外来兮，名不可虚假。"尊重需要是每个人的正常需要，但若把荣誉和面子看得过重，而自身又不肯为之努力奋斗，通过弄虚作假的手段来维持面子，一旦暴露，只会让自己更加难堪。

　　落到实际行动上，一方面，我们可以通过自身的勤奋努力，获得优秀的学业成绩，通过与人为善的交往获得众口交赞的人品，从而得到他人的肯定，满足自身被尊重的需要。另一方面，可以通过追求更高层次的心理需要来取代不恰当的自尊需求。著名心理学家马斯洛认为人可以跨越低级需要追求高级需要，自我实现的需要是最高层次的需要，也许当现实条件不足以全部满足我们被人尊重的需要时，我们不妨暂时把精力更多地投向自我实现的需要上，为追逐自己的理想而努力奋斗，假以时日，获取努力带来的成就后，自然会赢得他人的尊重。良好的内心修养和高尚情操是遏制虚荣的磐石。有了这块磐石，我们就有底气托起自己的尊严——不管家庭贫富，不管地位尊卑。

34 怎样做到独立自主?

成长的烦恼

高中新生活在同学们面前展开,一切都是那么新鲜。大家都充满学习的热情,忙着认识新朋友,参加各种社团,对未来充满期许。小艺却陷入了苦恼之中,在她看来,一切都很困难,早晨睡觉,如果没人叫她起床,她就会错过早操时间;如果没有室友陪她一起去食堂吃饭,她宁愿在宿舍吃泡面;上网买双鞋,她问了好几个人的意见,还是拿不定主意,最后还是让妈妈给她买;她想面试学校合唱团,但又犹豫会影响学习,徘徊中错过面试日期才无奈放弃。她常常觉得很茫然,觉得自己被生活牵着走。

怎样才能做到独立自主呢?

心海导航

独立自主人格是指人的独立性、自主性、创造性。主要表现为:认知方面,独立思考,有批判精神和自己的思想体系,即拥有自己的人生观、价值观、世界观;行为方面,不依赖,有自己的行为准则,独立实践,维护自己参与决策的权力,社会参与程度高;情绪情感方面,有较强的理性能力,能接受别人的否认和拒绝；意志方面，自我控制能力较强，不轻易被群体影响，不受他人摆布。

高中生独立自主需求主要表现在：与父母的关系，希望父母将他们作为独立的个体来对待，与父母站在同等的位置上探讨和决定某些问题，能与父母和睦相处；能对自己的兴趣、能力、适应性等方面做出估计，希望按照自己的意愿选择专业，确定未来的生活道路，当然也不拒绝父母或教师的指导和帮助。高中生要求独立自主也体现在他们对现实社会所具有的一种不满情绪中：一方面因为高中生处于理想主义阶段，所以他们对现实中存在的弊端极为敏锐和反感，有时甚至产生强烈愤怒或绝望的情绪，从而影响其对社会及人生的看法和态度；另一方面，由于他们对问题的观察和分析还带有片面性及表面性，所以思想上易出现偏差，导致对现实社会的看法只顾一点不及其余。

塑造独立自主的人格，需要注意以下几个方面。

1.未来的人生目标不迷茫

人生目标可以是多元的，但应该符合你好、我好、世界好的原则。只有建立自己的人生观、价值观、世界观，才能确定并选择自己的人生目标，为自己的人生负责。高一新生在入学后，根据以往自身成败经验，借鉴他人，需要在学习方法、交友态度、生活方式等方面做出适合自己的计划和决定。

那么，如何才能树立正确的人生观、价值观，建立起适合自己的人生目标呢？

（1）认识自己，提升自己，缩小现实自我与理想自我的差距。根据自己的条件确定人生目标，积极参与学校的各项活动和社会实践是很好认识自己、提升自己的有效途径。

中学生在校期间，除了常规学习，还可以多参与各种学习活动、学校社团、社会实践。在不同的活动中，不仅能锻炼社交和组织能力，还能拓展兴趣爱好，通过与不同成长背景的人交流而拓展视野，以他人为镜，更好地了解自己，建立起自己正确的人生观、价值观、世界观。

（2）不要放弃自己的选择权，承担选择的责任。要相信自己有为自己的人生负责的能力。自主选择是我们的权利，也是能力。可以从生活、学习方面入手训练自己的选择能力。比如，在需要做决定的时候，尽量不要"我随便，你们决定就好""我无所谓啊"，改之以"我想……""我决定……"等等。

2.学习上独立

中学生应该把学习当作本阶段最重要的工作来看待，它是你人生中第一份事业。学习不仅仅是为了分数和升学，更是实现成长必不可少的途径和最科学有效的手段。被动学习是很多高中生面临的独立难题。

（1）培养独立自主的学习意识

很多学生认为自己好好学习的目的就是完成爸妈的心愿，应付老师的评价，或者战胜其他同学，其实他忽略了，他自己才是学习的主体，是学习的实施者，也是学习的受益者。所以当学习成绩下降时，我们需要反思自己的学习动机、学习方法、学习努力程度，而非一味怪责他人或环境。

（2）摸索适合自己的学习方法

"学有法，但无定法"，学习有通用方法，但并不是每个人用通用方法都会获得同等的收获。我们需要在运用通用方法的同时，摸索适合自己的方法，这就提醒我们需要特别注意和重视自己在学习中犯错误的问题，需要了解这些问题产生的原因，总结这些问题的同异，与同学讨论交流有效的学习方法，积极尝试，善于积累，找到适合自己的学习途径。

（3）培养良好的学习习惯，严格自律

良好的学习习惯包括：课前预习，对新知识做到心里有底，课中带着问题去听，不是盲目记笔记，课后及时复习总结，力求做到知识点的系统化、网络化。

很多同学都知道需要刻苦学习，也会经常制订学习计划，但就是无法执行，根本原因在于缺乏自律。自律是对自我的控制，著名企业家李嘉诚以勤奋自律著称，他的作息时间非常有名：不论几点睡觉，在清晨5点59分闹铃后起床，随后，读新闻，打一个半小时高尔夫，然后去办公室开始工作，数十年如一日。他的巨大成就与他的自律是分不开的。所以光有勤奋的学习意识还不够，还得有自律的行为。

（4）处理好学习目的与学习兴趣的关系

在高中阶段，常常会出现学习目的与学习兴趣的冲突。高中生学习目的往往是获得一个比较高的分数，但出现偏科时，矛盾就出现了。我们往往愿意花更多的时间在优势学科或感兴趣的科目上，这样，弱势学科更加弱，必然会影响自己学习目的的实现。那么，该如何平衡两者关系呢？第一，要相信兴趣是可以培养的；第二，多反思弱势学科学习方式上的不足，多尝试可以提高弱势学科的方法；第三，优势学科不能轻易放弃，它是你现有成绩的基础。

3.生活上独立

长大的鸟儿终将一飞冲天，独自翱翔于蓝天之上，我们现在的努力就是为了让自己未来能够独自适应复杂多变的环境。将来进入大学都要离开家庭，高中阶段无论是否住校，不妨先从小事做起，逐步锻炼自己独自生活的能力。

那么，生活中，我们该怎么做呢？

（1）要端正态度，有独立自主意识。放弃什么都要问父母的行事方式，比如"我的衣服呢""早上叫我起床""帮我买衣服"等等，说服父母逐步放权，相信自己可以独立选择和决定某些关于自己衣食住行的生活小事。当然，可以在做决定前询问和参考父母的意见。

（2）积极行动，合理安排自己的生活。不仅自己的事情自己干，家里的家务要主动参与，主动关心父母，多与父母沟通，表达自己的成熟想法，让父母意识到你追求独立的需要，相信你具备独立思考和行事的能力，能够承担错误和困难，让自己在不断的锻炼中积累经验，获得成长。

（3）学会理财。理财包括"开源"和"节流"。中日韩美四国"高中生生活意识比较"课题研究发现，相比其他三国，中国的高中生"金钱与打工"的意识是最弱的。这与中国的传统文化及家长的态度有关，也与中国高中生对高学历有更高期待、更看重学业有关。因此，高中生要"开源"，虽然他们赚取收入比较困难，但也有部分高中生在假期打工获得金钱收入和社会经验。

相比"开源"，"节流"更加容易。不妨对自己的零花钱、压岁钱等收入做一个合理的预算，抛弃不必要的支出，学习部分银行理财知识，管理好自己的资产，这样，有成就的同时也能向你父母证明你的独立自主能力。

4.人际上独立

有些同学在人际交往中，缺乏主见，人云亦云，不仅容易给他人留下"墙头草"的印象，自己也会因此苦恼。从众行为指的是个人受到外界人群行为的影响，而在自己的知觉、判断、认识上表现出符合公众舆论或多数人的行为方式。有时候从众的原因是个体为了保持与大部分人一致，缓解自身孤立的压力和焦虑。还有一种就是的确有许多证据表明大众是正确的。第二种是正确的从众，第一种，如果自己对所持观点和所做决定经过了深思熟虑，那么可以多一些批判性思维，减少盲目从众。

要做到独立思考，不盲从，对于中学生而言，需要广泛阅读，深度阅读，拓展知识面。同时，抓住机会通过实践来锻炼自己，增广见闻，积累经验，丰富自己的社会阅历，提升明辨是非的能力。

35 如何培养责任意识？

成长的烦恼

周五大扫除的时候，肖文和李响倒完垃圾回来，发现其他人都不知道去哪了，可是黑板还没有擦，桌子还没有摆放整齐。肖文说："大家都走了，干脆我们也走吧，反正我俩只负责扫地，擦黑板和摆桌子不是我们的任务。"但走到门口，李响又折了回来，他说："教室卫生还没有打扫完。就算他们都走了，只剩下我们两个，也应该打扫完再走，这是我们小组的任务！"

如果是你，你会怎么办？如何培养自己的责任意识呢？

心海导航

心理学研究发现，当个体像李响这样具有责任意识、能主动地做好份内外一切有益的事情、自觉承担自己行为的结果时，他的这种人格品质可以帮助他自己未来获得更大几率的成功。

责任心不是与生俱来的，需要在后天的实践中逐渐培养。

1.在小事中培养承担意识

人的责任感不是一朝一夕形成的，需要经过长期的社会实践和生活小事的磨练。只有严肃对待每一件小事，我们才能养成认真负责的好习惯，才能在"大事"上负起责任来。比如，在学习上，不是为父母老师而学习，而是为了自己而学习，对自己的一生负责，主动学习，积极进取，认真完成各项学业任务，诚信对待考试，不需要父母老师操心；在家庭中，参与家庭的重要决定，自觉从事家务劳动，主动照顾和支持其他家庭成员，营造良好的家庭氛围；在班级中，关心和热爱集体，积极参与班级活动，自觉维护班级秩序，坚决不做有损集体荣誉的事……

2.在活动中增加责任体验

责任感是在完成一定任务的过程中逐渐培养起来的，一个不承担任何工作、不从事任何活动的人是不可能培养责任感的。作为成长中的青少年，我们要尽可能多地参与对自己、对他人、对家庭、对集体、对社会、对国家都有意义的活动，在这些活动中，充分体验不同角色的责任感。可以积极参加各项社会实践活动，比如在学农活动中，尝试栽种蔬菜、瓜果或者树木，从土壤配置到肥料加工，都亲力亲为，享受将其培育成材的过程，从中感受万物的生命灵性，学会尊重生命，并体会到劳动果实的来之不易，改变自身偏食浪费的不良习惯；还可以热心参与各种志愿者活动，充当文明出行劝导员、环境保护监督员，参与社区公益劳动、"绿丝带"服务活动、敬老爱幼帮扶活动等，在这些活动中感受各种角色带来的使命感和庄重感，不仅可以修正自己的一些不文明行为，还可以传递正能量，感染更多的人。

3.在过失中学会承担后果

由于能力和经验的不足，我们不可避免地会有一些失误，但失误并不可怕，关键是面对失误的态度及后续的行动。停止"都是别人的错，我无能为力"的受害者思维，而是要问自己"我可以做什么来改变现状？哪怕只是改善一点点"。一个懂得承担责任的人会比竭力推卸责任的人更能赢得他人的谅解和尊重，这样的人才是值得信任和欣赏的人。

36 如何提升情绪觉察能力？

成长的烦恼

小芬在班上总是不言不语，集体活动也不爱参加。班上同学都认为她性格怪异，久而久之跟她越来越疏远。一天，小芬在日记中写道："我恐惧当众讲话，在农村长大的我，早已经习惯了方言土语，对普通话很不习惯，也说不标准。今天下午开班会，我好不容易鼓起勇气上台发言，谁知我话音未落，班里同学早已哄堂大笑。当时我的脸火辣辣的，恨不得找个地缝钻进去。我决定在班上再也不轻易开口讲话了……"

听了小芬的故事，你有什么感悟？怎样才能做到良好的情绪觉察与理解？

心海导航

情绪是人们对客观事物或内外刺激能否满足或符合自身的需要、愿望、观念而产生的心理反应或心理体验。情绪最能表达一个人的内心和精神状态，是心理状态的晴雨表和监测器。在人际交往过程中，准确地觉察和理解他人的情绪，是取得有效沟通的重要前提。

共情又叫同理心，意指站在对方的立场设身处地地思考的一种方式，即在人际交往中，能够体会他人的情绪和想法，理解他人的立场和感受，并且站在他人的角度思考和处理问题。为什么有的同学比较受人欢迎，被人信任呢？可能很大程度上是由于他能站在同学的角度看待问题，能理解同学的感受，并向对方表达自己的理解，进而获得同学的信任和欢迎。

我们可以从以下几个方面来提升情绪觉察与理解能力，增强我们的同理心：

1.了解情绪

要敏感地觉察、准确地理解他人的情绪，首先应该对情绪有较为丰富全面的了解，包括情绪的种类、命名、诱因及其伴随的生理反应与心理体验。比如，心理学将人的基本情绪分为喜、怒、哀、惧四大类，心理学词典中记录的具体情绪和复合情绪有1000多种（你可以尝试在一张纸上尽可能多地写出你能想到的描述情绪的词语，越多越好）。以伤心为例，"伤心"是指个体遭遇负性事件而引发的消极难受的情绪状态，伴随着大脑H2受体部分激活，导致体内胃酸分泌增多，刺激胃黏膜，通常出现上腹部疼痛。

2.换位思考

要敏感地觉察、准确地理解他人的情绪，常常需要我们跳出自己的生活习惯、思维框架，把自己想象成对方，想象自己正经历和他一样的情境，进而觉察自己的情绪感受，如此可以设身处地地感受别人的感受。

3.情绪模仿

个体知觉到他人的动作、表情或声音等外部信息时，会自动地、同步地模仿，此时大脑中相应动作或情感部位也会被激活。也就是说，想象、知觉和模仿都能产生情绪共享。也就是说，我们可以通过模仿他人的表情、语调、动作、姿势来激活我们大脑中相应的情感部位，进而获得他人此时此刻的情绪、感受，从而达到对他人情绪的理解。

4.丰富阅历

　　有时，需要完全理解另外一个人的情绪感受会有难度，很可能是因为我们缺乏和对方一样的成长经历和生活体验。因此，如果有机会，我们可以尝试体验不一样的生活情境，丰富自身阅历，从而提升自己的同理心。比如，湖南卫视举办的《变形记》就可以帮助参与者体验迥异的生活状态，提升换位思考的能力。

37 如何管理多变的情绪?

成长的烦恼

俊敏来到老师的办公室,粗声粗气地对老师说:"我要做辅导!"老师大吃一惊,因为几乎所有的学生来到老师办公室都是轻声细语、小心翼翼地问话,而他却一反常态。俊敏说自己情绪控制力极差,为此经常和同学产生冲突,甚至会想动手打人。老师请他坐下来,耐心地给他解释:"情绪本身不是问题,任何情绪都有一份正面的力量。当体验到生气、愤怒时,学会体会自己的情绪,通过转移注意力、沟通等方式来管理情绪。"俊敏轻轻地点头:"我原来只是想控制,却越控制越失控,应该学会体会情绪、管理情绪"。

你的情绪经常起伏多变吗?你有什么情绪管理的好办法?

心海导航

在生命初期,婴儿最初是用手势等原始方式表达最基本的需要,无法得到满足就会哭闹,父母一见孩子哭闹,就立即给予关照和满足,可见,情绪是一份力量。但我们如今长大成人了,要学会通过语言沟通等方式来表达我们的需求。

据研究,一般人一生平均有3/10的时间处于情绪不佳的状态,因此,人们常常需要面对那些消极的情绪。成功者管理自己的情绪，一般人控制自己的情绪，失败者被自己情绪所控制。

1.改变认识角度

美国临床心理学家艾里斯（Ellis. A）在20世纪50年代创立的被称为"理性——情绪疗法"的RET理论认为，情绪困扰并不一定是由诱发性事件直接引起的，常常是由经历者对事件的非理性的解释和评价所引起的。如果改变了非理性观念，调整了对诱发事件的认识和评价，领悟到理性观念，情绪困扰就消除了。实际生活中的许多情绪困扰的确如此，从非理性的角度去认识某一事物，使我们恨恨不已；换个角度去认识，理性一些去认识，我们便会豁然开朗。

2.雾里看花

所谓"雾里看花"，是说对一些无关大局的非原则性的外部刺激，在认识上要模糊一些，在心理感受上要淡化一些。对待失败、挫折，要坦然处之，不要斤斤计较、耿耿于怀。这种忽略不愉快事情的做法，能够使自己在心理上建立起有效的防御系统，使自己不在鸡毛蒜皮之类的纠纷中耗费精力，而在大的目标上取得成功。"大事化小，小事化了"这种超然处世的态度，可以显示出一个人的气度、自信和修养，需要有意识地、经常地加以培养。

3.合理宣泄

人的情绪处于压抑状态时，应该加以合理的宣泄，这样才能调节机体的平衡，缓解不良情绪的困扰和压抑，恢复正常的情绪情感状态。例如，遇到失败和挫折，内心苦闷难以忍受时，畅快地哭一场，或者找人诉说一通，都是缓解情绪压抑的好办法。有的同学产生压抑情绪后，不愿讲出来，不作合理的宣泄，压抑时间持续久了，往往形成潜意识的变态心理，造成严重的后果。因为长久处于压抑状态的人，其思辨能力和理智感下降，不能灵活地处理问题。如得到他人开导，可能会茅塞顿开，心地豁然开朗。因此，选择自己信任的老师、同学、老乡、恋人或心理咨询人员作为倾吐对象，你会逐渐感到精神快乐，消极情绪压力减小。

4.情绪转移

当出现不良情绪反应时，头脑中有一个较强的"兴奋灶"，此时如能在头脑中建立起另一个"兴奋灶"，可以使原先的"兴奋灶"冲淡或抵消。这就是情绪转移的机理。例如，苦闷烦恼时，听听音乐，看看电视，会使人心情缓和一些；愤怒或者悲伤时，强迫自己做一些别的事情，可以分散注意力，从而稳定情绪。

5.升华

将不为社会所认可的情绪反应方式或欲望需求导向崇高的方向，使其成为具有建设性和创造性的行为，这种行为被称为"升华"。升华是一种宣泄，也是一种转移，是对不良情绪的一种高水平的、积极的转移和宣泄，是将情绪的"能量"导向对人类社会有益的方面去的转移和宣泄。例如，歌德在"狂飙突进"运动的影响下所写成的书信体长篇小说《少年维特之烦恼》，便是由爱的激情逐渐升华，进而达到很高艺术境界的一部文学作品。

38 如何控制愤怒？

成长的烦恼

　　大立很容易因为一些小事控制不住自己的情绪而大发雷霆，以至于很多同学害怕他，躲着他，不愿意和他交朋友。大立自己也意识到了这一点，可是每当想要改变的时候，一不小心，愤怒的情绪又爆发出来了。

　　控制愤怒情绪，你有什么好的经验？

心海导航

　　每个人都经历过愤怒。如果你能积极地、有建设性地表达这种负面的情绪，那么对于你的身心健康是非常有利的。下面列出了有效地表达和控制愤怒的几个步骤。

1.认识你的愤怒

承认自己的愤怒，要了解当你愤怒时会做出什么样的反应，有哪些表现。

2.冷静

俗话说"深呼吸，数到十"是非常有用的。告诉自己，只要冷静，你就能更有效地处理情况。如果你觉得自己还不够冷静，那么先不要轻易地决定自己该做什么。

3.使用合理的参照物

如果能有一个态度中立的人倾听你愤怒的理由，那就有助于你确定自己是否准确地阐述了所发生的事情。

4.识别你的恐惧

导致你愤怒的恐惧源头是什么？重新评价一下当时的状况，给自己一个机会，看看导致你愤怒的状况是否真的像你当初想的那样糟糕。

5.不要回避争端

不要让你的愤怒加剧，影响以后的情况和形势。重新审视当时的情况之后，你就可以决定是面对它还是不管它。

6.审视你的选择

要审视你对某个情况做出的不同反应，以及可能导致的潜在结果，然后从长远的角度做出对你和他人可能具有最积极效果的反应方式。

7.果断而不是攻击地做出反应

坚定地表达自己，不要说侮辱性的话语，也不要使别人处于一种防卫的状态。你是为了解决问题去做工作，而不是为了战胜别人。

8.学着公正地解决问题

如果别人说了什么或做了什么让你生气了，那么告诉他们，这种情况需要双方进行沟通。尤其要说明对方说了什么、做了什么，为什么这会让你愤怒，以及你希望怎样改善目前的状况。要问他(她)是否理解你愤怒的原因，并且要求他(她)陈述对当前情况的理解，还可以问他(她)能否和你一起努力来解决问题。

9.避免转移愤怒

因为愤怒的能量是需要释放出去的，所以存在把愤怒转向不是愤怒源的人身上去的可能，这只会使事情变得更糟。如果你对某件事感到愤怒，那么可以要求与相应的人员谈话，倾诉愤怒，要避免将你的愤怒转移到不相干的人身上。

10.使用脱敏技巧，防止愤怒再次发生

有时候，如果你对某个情境或某个人感到很愤怒，那么很有可能每次遇到这种状况或这个人的时候，你都会感到愤怒。这种愤怒的反应已经成为你不自觉的习惯，这可能会妨碍你今后和别人合作。心理辅导老师可以教你一些脱敏的技巧，以减少你这种不自觉的愤怒反应。

11.用幽默、体育运动和其他令人愉快的活动来释放被抑制的愤怒

有时候你并不是特别愤怒，或者遇到的问题一时不能解决，或者还没有到能够面对愤怒源的时机，此时，你可以找一些有效的方法来放松你紧张的情绪，这能帮助你改进情绪状态，或者在时机合适时能更有效地处理让你生气的事。

12.寻找帮助

如果你觉得难以积极有效地处理好自己愤怒的问题，可以找朋友或咨询机构顾问交谈。

39 如何避免情绪传染？

成长的烦恼

　　小文和小雨进入高一之后一直是好朋友，小文性格活泼，热情助人；小雨性格偏内向，多愁善感。每次发现成绩不理想，小雨就会难过好几天，被父母批评之后更会伤心好久。每每遇到类似不开心的事情时，小雨都会对着小文倾诉，直到心情好转，小文每次也都会耐心安慰好友。可是最近，小文发现每次劝慰好友之后，自己的情绪也会低落很久才能恢复，而且生活里的自己也越来越情绪化了，一点点小事就会令她不开心，以前不是这样的，她很疑惑，自己难道是被小雨影响了吗？

　　如何避免被过度的消极情绪所感染呢？

心海导航

　　无论是被积极情绪感染还是被消极情绪感染，只要适度，都是可接受的，甚至是有利的。我们要学会的是如何避免被过度的消极情绪所感染，保证自身的学习和生活不受影响。

1.远离消极情绪的源头

如果你的朋友是一个负面情绪传播者，遇到问题总是喜欢抱怨，却不寻找自身原因，那么不妨找个机会跟他（她）谈谈，谈谈你对他（她）的感受，启发他（她）从不同的角度看待困境和挫折，帮助和激励他一起解决实际的困难，也时常把你的乐观情绪传递给他。如果这样做也不能改变他（她）的负向视角的话，那么建议你和他（她）保持一定距离。

2.降低自己的受暗示性和依赖性

自卑、虚荣、嫉妒、心胸狭窄、依赖性强等不良个性都可能致使个体更容易被他人的负面情绪所感染。我们需要让自己保持一个平和的心态，宽容地去看待周围发生的事情，不盲从、不偏激。理智而镇定，才不容易盲目陷入他人情绪的漩涡之中。

3.增强独立自主、明辨是非的能力

随着网络社交媒体的快速发展，海量信息高速传播，网络中的社会情绪可以极快地在短时间内大面积传染到现实中来，碎片化的信息很容易使不明真相的群众受到情绪感染。如2016年年末轰动一时的罗一笑募捐事件，网民由开始的大面积的被感染同情情绪到急转直下的愤怒情绪，各种表示上当和质疑的声音轮番出现，就是因为许多民众在对事情真相没有了解透彻的前提下被自己感染到的情绪所左右。

前《纽约时报》执行主编比尔·凯勒指出，在网络中，人们有一种大喊大叫以被别人听到的冲动，这点在评论不被过滤时表现得尤其明显。而人群中大多数声音代表着彼此之间的争斗、奚落和嘲笑。社交网络的性质就是让志同道合者彼此交流，然后巩固彼此的观点。在这里，一个人很容易会对挑战自己的人嗤之以鼻，无人质疑的偏见又很容易简化成口号和标签，或被忽略为背景。相较之下，对信息呈现更为完整、系统的传统媒体就少有这种弊端，如报纸的深度报道与评论可向读者提供更多的空间来理解事实或清楚地表达观点。

因此，在浏览网络新闻和朋友圈时，我们应增强明辨是非的能力，从多个角度理智地看待和理解问题的实质，而非人云亦云。同时也建议高中生多看些有深度的纸质媒体和文学作品，丰富自己的社会阅历，提高自己的鉴赏水平和判断能力。

4.掌握化解消极情绪的方法

（1）暂时离开当下处境，保持头脑清醒。

（2）转移注意力：如看一场喜剧电影，看一本动人小说等。

（3）用有益身心的方式合理宣泄不良情绪，如冥想、运动、写日记、向父母倾诉等。

（4）用积极的语言暗示和辩驳来改变隐藏在不良情绪背后的消极认知，多问自己几个为什么。如：此刻我为什么这么愤怒？是对方的情绪导致的吗？还是这种情绪触动了我内心哪一块记忆？还是本来我最近就有诸多不顺，而此刻，对方的情绪恰恰点燃了我情绪爆炸的导火索？

㊵ 如何培养积极情绪？

成长的烦恼

潘欢是一名高中生，但自从上了高二后，他觉得属于他的欢乐时光正在一点点减少，随之而来的是很多很多的烦恼。他不知道以他现有的知识、能力，处于哪种水平，能考入哪一层次的大学；周围的同学看似都在做自己的事情，但他总感觉那种无形的竞争永远存在，这种压力让他喘不过气来。任课老师们在教学的同时，很少会鼓励自己或是指出自己哪里做得不好，这让潘欢觉得自己在这个班级是可有可无的。回到家呢？和父母的话题永远只是围绕着自己的学习，他都懒得和父母聊天，宁可一个人待在自己的房间里。潘欢在班上没有特别要好的朋友，很多不开心的事情无处可说。他好想有一个人能听到他内心的声音，然后告诉他该怎么去面对这些负面情绪。

同学们，你曾有过类似潘欢的学习和生活经历吗？

心海导航

积极情绪是事件满足个体需要，进而使得个体产生的伴有愉悦感受的情绪，主要包括快乐、满意、兴趣、自豪、感激、爱等情绪体验。美国心理学家马斯洛曾经将人类的需要分为两大类：一类是基本需要，另一类是成长性需要。基本需要和人类的本能相联系，包括生理需要、安全需要、归属和爱的需要。成长性需要包括认知需要、审美需要、自我实现的需要，这类需要以发挥人的潜能为目的。心理学家认为，当人的需要被满足了，就会产生积极情绪，反之则会产生消极情绪。其中，当成长性需要被满足的时候，就会使人产生最大程度的愉悦感。

情绪是有机体在进化过程中为了适应环境而产生的。消极情绪与行动密切相关，比如愤怒会引发攻击，恐惧会产生逃离需求，厌恶会导致驱逐等。而对于积极情绪，研究者认为它并不能引发特定的某种行为或行为趋势，比如快乐，可以歌唱、也可以跳舞、泼水；兴趣只是引起个体去探索、探究某种事物或者与他人进行接触获得信息，将自己以往的知识、体验相整合，进而丰富自我；满意则只与自己整个放松的状态相联系。但是积极情绪却能够激活人类的一般行动，并且能够使得个体的行为在整个任务过程中得以保持。

积极情绪除了对我们的一般行为产生正向影响，还会扩大我们对事件的认识。研究表明，当我们体验到快乐、兴趣、满意等积极情绪时，我们的瞬间思维活动序列就会被扩展，即我们的注意力范围会扩大，我们的思考程度将会更深，速度将会更灵活，解决问题的方法将会变得更多，决策将会变得更有效。所以，如果你想学得更快、更好、更全面，请培养起你的积极情绪。它会使你的心理更具有弹性，拥有积极的人际关系。

1.调整对事件的看法

情绪ABC理论认为，我们之所以会产生一些积极或消极的情绪、行为结果（C），并不是因为所发生的事情本身（A），而是源于我们对这件事情的看法（B）。例如，同样是在班级排名中退步5名的两名同学，一位同学觉得高中考试科目那么多，自己前后两次考试有点落差是再正常不过的事情，关键是找到自己的不足之处，努力克服，争取下次取得进步；而另一位同学则认为是自己的能力有限，上次考得好也是因为自己的运气好。基于这两种不同的想法，前者表现出一种积极、充满干劲的情绪状态，而后者就显得比较消极、退缩、对自己不够自信。当下一次取得成功的时候，前者就会对自己的进步感到自豪，对自己的能力更加确定；后者会将自己的进步归结为运气，无法看到自己身上的优点，也无法体验到积极情绪的存在。又比如，我们在自习课时有不懂的题目去请教班级里某位同学，但被对方拒绝了。面对同一件事情，如果你想的是对方可能是自习课，怕影响其他同学，所以才拒绝了我；或者是对方可能自己正在做题，怕打断自己的做题思路，才没有向我解释做题思路，那么，等到下课的时候，你可能还会继续去向他请教，把题目弄懂。但如果你觉得是对方不愿意向我讲解题目，一方面你会因自己的人际关系受挫而感到不开心，另一方面你也可能下课就不会继续向对方请教了。因此，如果你希望拥有一个比较积极的情绪状态，试着以一个理性、客观、合理的想法去看待发生在自己身上的事件。（插入ABC理论的相互作用图）

2.记录让我们感到内心愉悦的事件

如果老师在黑板上画了一个实心圆，你看到的是这个圆还是它的背景——黑板？当我们遇到困境时，充斥我们脑海的往往是一些让你感到悲伤的事件。但是，如果你仔细回想起来，其实发生在你身边的快乐也不少。所以请你试着回忆一下最近一个月内发生的事情，有没有什么事情是让你感到快乐、满意、自豪、充满兴趣、值得感恩和让你感觉到身边有爱的？分别对此进行描述，并做详细记录。当你发现自己的周围存在很多正能量的人和事时，你就会对自己的人生充满信心，也更有能量去面对一些负面的事件。

41 如何提高耐挫力？

成长的烦恼

李明是一名高中学生，最近常常不愿意起床去上学，就让父母向学校请了一个星期的假，自己躲在房间里打游戏。班主任很着急，找来李明在班上比较要好的同学，向同学打听李明究竟是怎么了？同学们也说不上原因。于是，班主任来到李明的家里进行了一次家访。李明的父母很热情地将班主任老师带到了李明的房间，李明一看见老师来了，顿时流下了眼泪。一番交流之后，班主任老师才发现，李明不去上学的原因，竟然只是因为没有完成科学作业，害怕受到王老师的批评，也害怕再一次在同学面前丢脸。原来，李明在进入高二后，虽然自己上课认真听讲，但是一直感觉自己听不懂老师上课的内容，尤其是科学课。一段时间之后，不仅对科学课失去了兴趣，甚至连基本的作业都难以完成。久而久之，就产生了厌学的情绪。

同学们，你遇到困难会退缩吗？如何提高自己的耐挫力呢？

心海导航

挫折心理是我们在适应生活、学习过程中必须面对的问题。处理好自身的挫折心理，是我们做好其他事情的前提条件。当我们在学习、生活、人际交往过程中遇到困难、受到阻碍时，能够通过对自己的情绪、认知活动、意志行为进行约束、管理，以缓解因此而产生的不良情绪反应和紧张状态，我们就具备了一定的应对挫折的能力。提高我们的抗挫能力，并不意味着我们就不会失败，它只是让我们在遇到挫折、困境的时候能够以更为理性、积极的态度去面对。一个人只有不怕失败，他才能调动起自身全部的能力去尽可能地完成任务。提升抗挫能力，首先要对自己的挫折心理防御机制有一个全面的认识，以识别自身的心理防御机制的优缺点。其次，要采取积极的挫折应对策略，武装自己的处事能力，提升自己解决问题的效率。

通过以下途径可以提高自己的耐挫力。

1. 提高自控能力

在遇到挫折时，自我控制能力强的人会通过意志力压抑住自己想要放弃的念头，勇敢地面对问题。因此，我们可以通过训练我们的自我控制能力，使得我们在面对挫折情境时控制自己的爆发性情绪和攻击性行为。具体的做法是用自己不惯用的另一只手使用鼠标、搅拌咖啡、开门等。

2. 打破习得性无助

认识到习得性无助对自己的影响，从而打破这种感觉限制，勇于尝试。美国心理学家塞里格曼做过一个经典的实验：把狗关在笼子里对狗电击，每次电击之前一个蜂音器都会响起。开始，狗上蹿下跳，试图逃出笼子逃避电击。但经过多次努力，狗发现根本逃不出笼子。于是，只要蜂音器一响，狗就安静地等待电击。后来，塞里格曼把笼门打开，然后打开蜂音器。结果，狗不但没有逃出笼子，反而躺在地上呻吟、颤抖。塞里格曼指出，人和动物一样，在面临一种无法改变的客观条件时，都会产生一种无助感，久而久之，即使客观条件改变了，他们仍然不能从已形成的无助感中摆脱出来。事物都是处于不断变化中的，我们需要认识到这一点，不被自己的感觉欺骗；要敢于克服习得性无助心理，这样就会发现结果并不糟糕。

3.对自己的行为结果进行合理的归因

每个人都有对自己所处的环境进行一贯性理解的需求。因此，对一件事情的发生，尤其是发生在自己身上的挫折事件，我们都试图对其进行解释。如果我们把所有挫折事件归结为内部原因，如归结为自己的态度、人格、能力、情绪等，我们就会对自己产生怀疑，变得消极自卑。反之，如果我们都将其归结为外部原因，如运气、天气等，我们就不会寻找自己的原因，更加不会想着去提升我们的能力、改变我们对人对事的态度。因此，要根据事情的本来面目，进行适当的内外部归因。

4.不断进行自我激励

面对失败和突如其来的困难时，我们要学会对自己说："直面困难和恐惧，我的未来可以更美好。"很多时候，当身边的人遇到困难的时候，我们可能会很轻易地给予鼓励、安慰的话，然而当我们遇到困境的时候，往往更多想到的是一些消极的结果。所以，请像鼓励别人一样激励自己。摒弃脑海中对自己的一些负面评价，多多看到自己的闪光点，让自己身上的正能量去应对身边突如其来的意外。

5.进行合理的宣泄和注意力转移

面对因挫折带来的负面情绪时，我们可以通过记日记、跑步、呐喊、打"宣泄人"等方式进行宣泄；也可以将自己的注意力转移到其他方面，从而暂时缓解这种负面情绪。此类方法虽然能够缓解你一时的情绪，但问题并没有得到最根本的解决。因此，需要在情绪得以缓解的基础上，做出其他应对挫折的努力。

6.寻求外在帮助

一个良好的社会支持系统，可以在你遇到挫折的时候提供宝贵的建议和行为帮助。你可以像曾经遇到过类似困难的同学、朋友进行求助，更可以向永远支持你的父母和老师寻求更大的帮助。

42 如何培养质疑与批判精神？

成长的烦恼

动物园里来了一位哲学教授，向动物们传授哲学。哲学教授讲了好多空洞的理论，接着说："任何事都必须从基础做起，就如任何建筑都必须从底层做起。"有一只青蛙听得不耐烦了，就向教授发问："请问教授，真的所有建筑都必须从底层做起吗？"哲学教授瞄了青蛙一眼："当然！井底之蛙！" 青蛙反击说："正因为是井底之蛙，我才问你——难道打井也从底层做起吗？"哲学教授哑口无言。动物们纷纷说："是啊，即使是井底之蛙，他也有自己独特的见解，何况不是呢？！"

我们应该如何培养自己的质疑与批判精神呢？

心海导航

质疑与批判指对所学内容的性质、价值、真实性、精确性等进行个人判断和合理决策的思维方式。一般包含两方面的意思：其一，是敢于怀疑和挑战权威的精神；其二，是善于发现问题的能力。

当今学校教育存在一个普遍现象：教师讲，学生听，教师希望教室里鸦雀无声，

127

学生循规蹈矩，讨厌质疑问难。这无疑是扼杀了人的质疑与批判精神，所以入学后的孩子几乎千篇一律，思维惰性。因此，培养学生的质疑与批判精神显得十分必要。

1.善于提问

陶行知说："发明千千万，起点是一问……人力胜天工，只在每事问。"学生有了质疑与批判的精神，就不会迷信权威、书本和老师。在看似理所当然、天经地义的定论中发问、批判，能调动自己的积极主动性，培养独立思考、个性化解读的学习习惯和学习态度，突破思维惰性和定势，发展创新思维和能力。

2.激发求知欲

学生运用自己掌握的良好的学习方法和学习技巧，积极主动地参与教学活动，发挥其主体作用，课堂才会生动活泼。学生具备良好的质疑与批判精神，就能随时发现和提出许多问题，进而产生一种追求问题答案的欲望，从而驱使他们开展有目标的探究活动，积极主动地完成学习任务。同时，每一次探究活动的成功，他们都会经历一种愉快的情感体验，从而提高自我效能感，积极的自我效能感又会反过来进一步强化学生的求知欲和学习兴趣。

3.保持开放的思维

不轻易认同别人的观点，而通过自己的独立思考、判断，提出自己独特的见解。政客和广告商都会千方百计地试图说服你，甚至某些媒体和教科书的研究报告也难免有失偏颇。把敢于怀疑纳入你的个人信条，这样你会发现，自己有一些态度和信仰也会是肤浅的，甚至是毫无根据的。

学生一旦具有质疑与批判精神，就会经常提出问题，思维就启动了，心理上就会产生对疑难知识的渴望与追求，这时大脑中的旧知识经验就会被激活。新问题被有机地纳入原有的知识经验之中，从而使原有的知识经验得到重组，获得新的意义。同时，学生对疑难知识追求的心态，又驱使他们查阅资料，向师长请教，无意当中，学生的知识面扩展了，知识结构也丰富了。

43 何做到诚实守信?

成长的烦恼

　　李欣是名高中生,她最近有个小烦恼,就是不知道怎么去面对班上的一位男生。这位男生陈斌是班上的"数学小王子",虽然外表一般,但他很乐于助人,每次李欣有什么不懂的难题都习惯于向他请教,而他也不厌其烦地解答。当他们的关系渐渐熟悉起来的时候,李欣无意中从陈斌口中得知原来陈斌的父亲因病去世了,李欣答应为陈斌保守秘密。上周三中午,同桌陈晨探过头来对李欣说:"李欣,你和陈斌关系那么好,你知不知道陈斌是单亲家庭?"李欣问:"你怎么知道的?"陈晨说:"我昨天在班主任的办公桌上看到陈斌的档案了。"李欣说:"陈斌父亲去世了,这件事情我们为他保密吧!"可不知为什么,几天时间,班上的同学几乎都知道了这件事情,大家都对陈斌投去了同情的目光。陈斌在大家不一样的眼光中更多的是感到难堪,同时对李欣的不守信用感到特别愤怒。陈斌和李欣的关系变得微妙、尴尬起来了。

　　同学们,你是否也曾经不小心说漏了朋友的秘密?怎样做一个真诚守信的人呢?

心海导航

诚信即待人处事真诚、老实、讲信誉，言必行、行必果，一言九鼎，一诺千金。在《说文解字》中的解释是："诚，信也"，"信，诚也"。可见，诚信的本义就是要诚实、诚恳、守信，反对隐瞒欺诈、反对伪劣假冒、反对弄虚作假。

要做到诚实守信，应该从以下几个方面积极努力。

1.言而有信，一诺千金

我们要做到恪守诚信，就要对自己讲的话承担责任和义务，言必有信，一诺千金。答应他人的事，一定要做到。同他人约定见面，一定要准时赴约。上学或参加各种活动，一定要准时赶到。要知道，许诺是非常慎重的行为，对不应办或办不到的事情，不能轻易许诺，一旦许诺，就要努力兑现。如果我们失信于人，就等于贬低了自己。如果我们在履行诺言的过程中情况有变，以至无法兑现自己的诺言，就要向对方如实说明情况并表示歉意。

2. 尊重事实，坚守原则

树立诚信要从点点滴滴做起，但最基础的要领便是尊重客观事实，坚持实事求是，不胡编乱造，不扭曲隐瞒。在利益和原则面前，应做到坚守原则。比如，在涉及利益冲突的问题时，我们应该站在多数人利益一边，不能因小失大；在眼前利益与长远利益冲突时，我们应该站在长远利益一边；在情与法的冲突中，我们应该站在法律一边，维护法律的尊严。

3.与人为善，坦诚相见

诚信的本质是"善"，要做到诚实守信，就要求我们与人为善，善待自己和他人。同时，深刻地探索和了解自己，敢于将真实的自己呈现在朋友面前，结合具体的情景，正确处理好诚实与隐私的关系，正确认识善意的谎言。

44 增强勇气从何入手？

成长的烦恼

"我生在农村，长在农村，从小性格内向，不爱与人交往。小学毕业后，我来城里的中学借读，他们远赴北京能认真学习，考上重点高中，以后能上理想的大学。可我却不争气，13岁了，我还是那么胆小、内向，学习成绩也不好，上课连回答问题的勇气都没有。老师总是教导我要胆子大一点，要积极主动回答问题，可我总是担心出糗，每每都因为胆小而放弃。真希望我的胆子能大一些，再大一些，在学习上和人际交往上自信一点儿。"（节选自一位中学生的日记）

你身边有这样的同学吗？你有什么好的方法可以帮助这类同学变得自信，充满勇气吗？

心海导航

勇气是一种基础的心理品质，亦被归纳为一种心理力量。它是人们面对人生挑战和改变，面对挫折和恐惧而做出决定、采取行动、克服困难时的心理力量。

心理学家沙哈尔说："勇气，就是即使恐惧，依然继续前行。"大部分人对失败心怀恐惧。如果我们看世界上最成功的人，会看到什么呢？是一次又一次失败，然后成功，然后又失败，再成功。心理学无法让你摆脱恐惧或失败，但它教会你充满勇气，直面现实。

我们可以从以下三个方面着手，激荡心灵的勇气。

1.树立正确的勇气观念

有一首歌是这样唱的"我们都需要勇气，来面对流言蜚语"。是的，人人都需要勇气。而真正的勇气，不同于鲁莽、凶狠、匹夫之勇，正确的勇气观念应符合以下条件：第一，你所采取的勇气行为应当是经过理性思考的；第二，你所采取的勇气行为目的是善意的，后果是有价值的。中学生要树立正确的勇气观念，只有这样，勇气品质的培养才利于学生的发展。

2.培养积累勇气的基础品质

（1）学会真诚：做一个真诚的人，以真诚的态度生活，对自己的言行负责，真实坦荡，不掩饰内心的真实想法，不说谎话欺骗他人。

（2）学会面对：做一个勇敢的人，在面对困难时，尽管感到害怕和恐惧，依然勇敢面对而不逃避。

（3）学会坚持：做一个坚定的人，意志坚强，永不放弃，说到做到，一旦制订计划就坚决执行，锲而不舍，耐心完成。

（4）学会热情：做一个热情的人，保持精力充沛，积极主动，乐观豁达，对新鲜事物充满好奇。

3.接受逆境的考验和锤炼

俄国物理学家列别捷夫说："平静的湖面，练不出精悍的水手；安逸的生活，造不出时代伟人。"应对失败需要勇气，忍受嘲笑需要勇气，闯荡逆境更需要勇气，勇气是在面对困难的顽强抵抗中逐渐养成的。中学生在成长过程中，要充分利用学习和生活中遇到的困难和挫折，锻炼自己的勇气。同时，适当参与有一定困难但经过努力可以完成的训练，磨炼自己的意志，增强自信心和战胜困难的勇气。

45 怎样做个大方的人？

成长的烦恼

五年级的廖心怡同学是班上的劳动委员。虽然是个小萝莉般的女生，可排起班上的劳动值日，班上的同学没有谁不服从的。原来是因为心怡平常总是乐于帮助他人，看到精彩的动漫，就和同学们分享；看到有同学抱本子困难就连忙迎上去帮忙。而她遇到困难时也会欣然接受同学们的帮助。当然，如果有同学没有完成好值日，她也会铁面无私。正因为她直爽、大方又公正，同学们都愿意听她调遣。

你是否也希望自己像廖心怡一样成为一个大方的人呢？

心海导航

大方是一种正能量，大方总让我们豁然开朗，大方总让我们心情十分舒畅，大方的人一定有着极佳的人缘，大方的人既付出了爱，也能够收获到爱；大方的人既成就了自己，也成就了别人。我们总是喜欢大方的人，愿意追随大方的人，与大方的人同甘共苦。那么，我们如何才能为人大方呢？

1.要干脆

在为人处事中一定要干脆，不要吞吞吐吐，欲说还休，结果弄得自己难受，别人也难受，最后事情也没办成，错过了最佳的机会。在与人打交道的过程中，要快速决断，干脆利索，说一不二，这样就会给人以大方的感觉。

2.要守信

在社会生活中，我们一定要守信，只有守信的人才是大方的人。但是守信可不是一件很容易的事情，并不是仅仅嘴上说说就能够做到的。要守信就意味着付出，比如甲乙双方签订买卖合同后，不管市场行情如何变化，吃亏的一方都应自觉遵守合同，这样才算是守信，才是大方的人。

3.要平静

在现实生活中，总有一些人爱发脾气，他们心眼小，不大方，因为屁大点小事就火冒三丈，把下属骂个狗血喷头，把家人骂得痛哭流涕，把朋友骂得远走高飞，让所有的人都恨不得离开他们。为此，要想做个大方的人，就要保持心理平静，不要随便发脾气。

4.要克制

没有规矩，不成方圆。为人一定要遵守各种规则，在一定的范围内活动，这样才能比较顺利地走向成功。而要做到遵守规则，就要对自己保持克制，克制自己的性格，克制自己的语言，克制自己的欲望，这样有所克制才是真正的大方。

5.要大度

那种小肚鸡肠的人是十分令人讨厌的，他们会为一些小事与你计较个没完没了，也会因为你说错了一句话而忌恨一辈子，如果不慎得罪了他们，他们就会想方设法找个机会报复，也会在私底下给你放些绊脚石。为此，要想做个大方的人，就必须"大肚能容天下事"。

6.要光明

　　有什么事情都要正大光明地去做，而不要在背地里暗箱操作。比如：有些人总是当面不说，背后乱说，开会不说，会后乱说，做什么事情也不敢在台面上去做，私底下做些见不得人的事，让人看不起。为此，为人一定要光明正大，这样才是个大方的人。

46 如何培养正确的助人观?

成长的烦恼

早上7点，靖州三中九年级学生杨盛灯骑着自行车去上学。在离校门口大约200米的路口，一位六十多岁老人踩着小三轮不慎冲上人行车道，三轮车翻倒，人摔倒在路边。杨盛灯停下自行车上前帮忙，捡起散落一地的物品，就在他准备去扶老人时，老人一把抓住他，说是杨盛灯撞倒了她。没等杨盛灯反应过来，老人又说自己手脚动不了，要他家长过来赔医药费。杨盛灯不知所措，不断解释"不是我"，但老人一口咬定就是他肇事。

如果遇到类似情况，你会怎么办？青少年应如何培养正确的助人观？

心海导航

乐于助人，是一种朴实的中国传统美德。在人的一生中，你可能是助人者，也随时会成为受助者。每个人都有遇到困难的时候，最需要的是别人给予的帮助。在他人需要帮助的时候及时给予适当的帮助，不仅有助于对方化解困境，感受到温暖和支持，同时也有助于提升自我价值感和社会责任感。如果人人都献出一点爱，世界将变成美好的明天。

近年来，我们不断倡导和谐互助的社会文化，但仍不乏有一些"骗取同情""好人吃亏""人情冷漠"等现象存在，给人们的助人态度造成了负面影响。青少年正处于世界观、人生观、价值观形成的关键时期，要做到及时有效地帮助别人，并体验助人之乐，需要注意以下几个方面。

1.关注他人需求，增强共情能力

帮助别人的前提是敏感地注意到身边人的状态、需求和困难。共情是指个体对真实或想象中的他人的情绪、情感状态引起的并产生与之一致性的情绪、情感体验。简单来说就是"急他人之所急，想他人之所想"。共情能力强的人通常更愿意去帮助他人，真正的同情和怜悯驱使我们为了别人的切身利益而努力帮助他们，而建立在理解他人的基础上的助人行为，更容易让我们体会到其中的意义和价值。

2.克服"旁观者效应"

旁观者效应是指紧急事件现场，由于旁观者的存在，个体的利他行为受到抑制，受害者得不到帮助。现场的人越多，人们就越倾向于袖手旁观，受害者获得帮助的可能性就越小。这种现象乍一看违背常理，实际上已成为"人群冷漠"的重要原因。面对突发事件，如只有自己一个人在场，我们就会感到自己有帮助受害者的责任；而如果还有其他人在场，这种帮助受害者的责任就会扩散出去，觉得帮助受害者不是自己一个人的事。每个人都在有意无意地等待别人行动，而自己处于观望状态。每个人都以为别人已经提供帮助（别人已经帮了，用不着我了），或将会提供帮助（我不帮，总有人会帮），或不应该提供帮助（别人都不帮，我为什么要帮），这样的情形最终导致了旁观者的集体冷漠而酿成悲剧。在旁观者众多的情况下，不仅帮助受害者的责任感扩散了，而且不帮助受害者的自责和内疚感也扩散了，"谁都有责任"最终变成了"谁都没有责任"。所以，我们在了解了这个效应之后，就应该学会克服这个弊病。

如果你是受害者，当紧急事件发生，你急需帮助时，要克服不好意思的心理，勇敢地求救。你必须引起他人的注意，然后明确地告诉对方发生了什么情况；你要从人群中指定一个人帮助你，并且明确告诉他应该做什么；如果可以，你要尽量降低他帮助你的成本和风险，消除他的顾虑。

如果你是旁观者，当有人需要帮助时，你要想到"责任扩散"可能导致的恶果，永远像只有自己一个人在场时那样去行动。

3.明确自身能力范围

每个人都坚信社会需要舍己为人的美好品质，但是帮助他人之前要衡量自身的能力范围，量力而行。"湖北三名学生救人溺亡，生命止于19岁""大学生毕业典礼当天救人溺亡，曾系县高考状元"等等新闻让人扼腕叹息。我们应该赞扬这种纯粹的助人动机，正是他们给社会带来了希望和温暖。但是英雄"舍己"是极端高尚的利他行为，舍己行为是助人行为中一个组成部分，不是助人行为的全部，并非一定要舍己才能达到助人的目的。助人行为的培养不应该只局限于启发利他动机，鼓励自我奉献，更重要的是学会如何运用更好的方式助人，减少不必要的伤亡，增进双方的最大利益。

47 怎样学会感恩?

成长的烦恼

晓晨是一名高中生,由于学习紧张,自高中开始,妈妈就承担了家里所有的家务活。原本吃完饭还会帮妈妈洗洗碗的晓晨过上了衣来伸手、饭来张口的舒适日子。一天周末,家里要来很多客人,妈妈实在忙活不过来,就把晓晨从书房里喊了出来,让她去超市买饮料、在客人来之前打扫好客厅、帮助妈妈洗蔬菜等等。晓晨一上午的时间都花在了这些琐碎的家庭小事上。为此她很不开心,晚上她罗列了一个清单,要求妈妈赔偿她的"时间损失":

去趟超市0.5个小时　　　　15元

打扫卫生1.5个小时　　　　45元

陪妹妹玩1个小时　　　　　30元

洗蔬菜洗碗筷0.5个小时　　15元

合计花费3.5个小时,总共105元。

妈妈看了这张清单,什么都没有说,也罗列了她的一个账单:

为家里人洗衣烧饭　　　　　0元

菜市场买菜　　　　　　　　0元

打扫家庭卫生	0元
接女儿放学	0元
女儿课外辅导培训	0元
照顾生病的女儿	0元
陪女儿厦门旅行	0元
……	共0元

你看了这两张账单,有何感悟?

心海导航

感恩,就是对他人、社会和自然给予自己的恩惠和方便在心里产生认可,并意欲回馈的一种认识、情怀和行为。感恩包括识恩、记恩、谢恩和报恩四个环节。识恩指的是受恩者认识到施恩者对自己的帮助是出于善意,并看到施恩者为此付出的努力。记恩指的是受助者珍惜施恩者给予的帮助,并由此产生了感激、敬佩、满足等情绪体验。谢恩指的是受助者将感激等积极情绪体验以某种方式表达出来。报恩指的是受助者将受恩而产生的积极的情绪体验给予施恩者以行为反馈,或者将体验到的这份恩情回报给社会以及社会上需要帮助的人。

感恩包含于积极情绪范畴。著名心理学家马斯洛认为,体验和表达感激的能力是情绪情感健康中的一个重要方面。因此,一个懂得感恩的人,他的人际关系也会相对比较良好,幸福感也相对强些;他看待事物会较为全面、客观,思维也比较灵活。如果你想要成为一个幸福的、具有感恩之心的人,可以做以下认知评估尝试。

1.以积极的眼光去评估他人帮助你的动机

生活中,我们往往会不理解父母、老师、同学,甚至社会上的其他人帮助自己的动机,认为很多时候他们都只是为了自己,是另有所图,这就会使得我们对他们的帮助行为产生许多抵触和消极的负面情绪。如果我们用"他们正在以他们认为对我们好的方式来照顾我们，虽然这种照顾可能不是我们需要的，但却是出于他们的真心与好意"等积极的观点去解释一些"帮助行为"的动机，我们就有可能产生诸如感激之类的积极情绪，也会促使接下来的双方沟通变得积极有效。

2.以全面的视角去评估他人帮助你所付出的努力和代价

这就需要我们对帮助事件进行合理的归因。心理学研究表明，对事件的归因方式或风格是个体感恩的重要影响因素。一个人如果将事件的成功全都归因为自己的努力或运气，那么这个人就很少会对周围人的帮助进行感恩。当你认为自己成功完成某项任务，是由自己控制，但是别人也是贡献者的时候，你的感恩心态就会有所上升。

3.以客观的态度去评估"获得他人帮助"后，这件事对你的影响和意义

我们越是看到在别人的支持、帮助之下，我们的利益得到了维护，梦想得到了实现，我们越能够对他们产生感激之情。自负的人认为自己的成功完全是靠自己的努力，旁人根本就没有提供一丁点的帮助或为自己提供一些服务，这样的人是不会对任何人报以感恩心理，产生回馈他人、回报社会的行为的。事实上，每一个人的成功都离不开家人的关怀、社会的支持。只有看到了别人的存在，才能报以虔诚之心去做出一些利他行为以回报他人。

48 怎样学会宽容？

成长的烦恼

　　王涛和张亮是同班同学，一天，王涛下课离开座位时，一不小心把张亮的文具盒撞倒在地，文具撒了一地。王涛一边说"对不起，我不是故意的"，一边去捡地上的文具。张亮看见自己心爱的文具盒和文具撒了一地，不分青红皂白就拿起王涛的文具往地上猛摔，正在捡文具的王涛看见自己的东西被故意摔了一地，也生起气来，把对方的课本、书包统统往地上乱丢，紧接着两人打了起来……

　　亲爱的同学们，你身边发生过类似的事情吗？

　　王涛和张亮这样处理事情肯定是非常不好的，不仅不能解决问题，还伤害了对方。

　　如果你是张亮，你会怎么做？

　　如果你是王涛，明明道歉了，还尽量想补救，对方却不原谅自己，你有什么感受，你会怎么做？

心海导航

　　宽容是一种积极的心理品质，用真诚宽容的态度对待其他人，能够让我们和同伴形成良好的互动氛围,帮助我们适应社会生活。在与他人的良好关系中,我们的主观幸福感也会得到大大的提升,对自己和他人都是一件好事。

人与人交往,难免会产生摩擦或矛盾,这些问题发生时,自己和他人心里恐怕都不好受,如果大家都斤斤计较,只顾自己的感受,并不利于矛盾的化解。如果双方都能做到换位思考,站在对方的立场想一想,或许就能理解他人当时的想法和做法,从而做到宽容大度,互相谅解。如果自己一时无法解决,还可以向特别要好的同学、老师或者家长倾诉,他们也是我们的好帮手。

从以下几个方面着手,有助于我们做到宽容待人。

1.把事情最小化

当彼此发生矛盾时,不妨先静下心来好好思考,为什么会发生这件事情。许多事情没有绝对的错与对,把事情慢慢弄明白之后,自己也许就没有那么在乎了。

2.换位思考

换位思考,顾名思义就是站在对方的角度上进行思考,这样可以理解对方的意图,知道对方的缘由,才会让彼此的问题变得不再那么尖锐,才会用宽容的心来看待对方。

3.找自己的过失

当矛盾发生的时候,不要只责怪批评对方,要学会从自身找问题。要学会从问题上找自己的原因,自己为什么引起这件事的争执?自己在这件事上做错了什么没有?要学会为自己的问题负责。

4.不要要求过高

面对问题时不要总是责怪对方,"金无足赤,人无完人",每个人都有犯错误的时候,就是伟人也有犯错误的时候,更何况我们普普通通的人呢。不要把对方要求得过高,用一颗宽容的心来接纳对方。

5.学会发现对方的优点

要学会发现对方的优点，每个人都渴望被关心被认可。要学会赞美对方，只有发现对方的美才能更加认可对方，也可以让对方接受自己，这样才能化解彼此的误解，最终达到宽容的心。

6.学会尊重

不管发生什么事情都要学会尊重他人，尊重是相互的，只有你尊重了他人，别人才会尊重你。不管对方说错了、做错了什么，都不要恶语伤人。要知道人人平等，要用平和的语气进行交流，以解决彼此的矛盾与不和。

7.学会真诚

用真诚的目光、真诚的言语和真诚的举止来面对彼此。保持一颗真诚的心，不掩饰自己的缺点，真心面对对方，用真诚的心来获得彼此的友谊。真诚就像一杯清水，毫无杂质，用真诚、理解接纳对方，最终拥有宽容的心。

49 如何做到持之以恒?

成长的烦恼

雷宇原来是一名留守儿童,后来到父母所在的城市读书。他在学校里比较沉默,同学们和他不太亲近。但老师看出他身上有一股韧劲,于是让他当"桌椅班长",每周负责检查班上的桌椅是否有损坏,及时报告,并带领同学拿坏桌椅去修理。雷宇每周五从不会忘记这件事情,一个学期都没有落下一次。他身上这种持之以恒的精神,令同学们打心眼里佩服和喜欢他。

你是不是也希望自己像雷宇一样能持之以恒坚持做一件事?那么,怎样养成坚持的品格呢?

心海导航

很多时候很多事情不是点子不够多,想法不够好,而是没有坚持到最后。"做事三分钟热度,本来计划得有模有样,但是实际行动就是三天打鱼两天晒网"。要做到持之以恒,需要具备以下几个条件。

1.要有明确的目标

要做到持之以恒、坚持不懈、有始有终，首先必须制定一个明确、具体，具有可行性的目标，将目标具体化地写出来，让目标指导行动。

2. 要有完成的渴望

想象自己完成某项工作、某项任务，或者顺利掌握某项技能的美好画面，这样会增加自身去努力完成的渴望，激发自身更多的潜能。

3. 要有坚定的意志

在做事情或学习的过程中，会遇到各种各样的干扰和诱惑，一定要坚定意志，排除或拒绝这些不利因素，让自己更好地工作或学习。

4. 要有良好的习惯

一个习惯的养成需要21天的时间。比如跑步或其他锻炼项目，只要坚持21天，以后如果不锻炼，你会觉得不适应。工作和学习同样如此。

5. 要有及时的监督

监督可以分为自我监督和他人监督。自我监督即自己给自己定目标，并且把目标细化，对照目标监督自己的完成进度。他人监督即将目标告知他人，让其他人监督自己目标的完成情况。

6. 要有适当的奖励

在目标完成的过程中，可以适当给自己奖励，比如某个时段完成某项任务，给自己设定奖品、吃顿大餐、买想买的东西、开始渴盼已久的旅行等等，这样都会激励自己更好达成目标，从而养成持之以恒的习惯。

50 如何克服完美主义？

成长的烦恼

美琪不管做什么事情，都非常关注每个细节，总觉得不达到自己的预期目标不甘心。同时，美琪对自己的要求也非常高，不仅希望自己可以学习成绩拔尖，还参加了多个兴趣社团，希望培养多方面的才艺，争做学校的"万人迷"。有时，如果不能完全确定自己做好了绝对充分的准备，美琪便不愿意开始做一件事情，因为害怕失败和丢脸。身边的同学都说美琪的性格太完美主义了。

完美主义对我们来说意味着什么？你有什么方法克服过度的完美主义？

心海导航

如果你意识到自己的行为有点完美主义的迹象，不用担心，有些方法能帮助你克服它，使你重新掌控好自己的生活。下面列出了一些步骤，你可能会发现，如果有心理辅导老师的帮助，你按照其中的某个步骤或所有的步骤行动会更加有效。

1.认识并承认你的完美主义症状

你需要知道，过度追求完美会怎样影响你的行为，特别是你作为学生对你学习成绩方面的影响。

2.尝试找出生活中对你的完美主义行为有影响的因素

比如父母、兄弟姐妹、过去的奖励或失败，等等。知道了你生活中的这些影响因素，可以帮助你理解为什么自己会过度追求完美，这能帮助你做出行为改变。

3.写出完美主义给你个人带来的有利和不利之处

因为完美实际上是很难取得的，所以你会写出许多因此带来的不利。

4.对每天取得的任何小的成绩，都要给自己加一分信任

记住，即使不完美，你也应当承认所做的事情是有用的。

5.认识你过去的错误和失败

要知道，你通常都纠正了这些错误并且取得了进步。错误和失败是每个人生活中的一部分。记住，失败是通往成功的阶梯。

6.把你的注意力重新放到事情的过程上而不是结果上

如果你考试没有得到"A"而只得了"B"，那么，请把注意力放到学习这门课程的收获上；如果你没有找到工作，要把注意力放在你从这个过程中学到了什么上面。

7.有意识地接受你的优势和弱势、成功和失败

改变你的自我预期需要你积极和有意识的努力。要经常提醒你自己更好地接纳自我。

8.允许自己犯错误

告诉自己，所有的人都会犯错误。如果你发现自己最近犯了一个错误，这说明你是一个正常的人。

9.对你过度追求完美的情况，找心理辅导老师谈一谈

如果完美主义让你变得很脆弱，可以找学校的咨询机构专业人士谈一谈。另外，可以到图书馆借阅有关书籍阅读。

人际交往篇

RENJI JIAOWANGPIAN

51 如何选择交往对象?

成长的烦恼

小磊在学校的表现一直不错,学习成绩优异,多才多艺,是家长、老师眼中的好学生。一次外出游玩,好朋友汪林因为一点小事与人发生了口角,双方互不相让,从言语谩骂逐步升级为动手打架。汪林叫小磊一起帮忙教训对方。小磊有点犹豫,但是看到好朋友受了欺负,一激动,便捡起木棍打伤了对方。看到鲜血从对方的身体里流淌出来,小磊突然感到有些害怕。妈妈知道这事后,再也不让小磊和汪林在一起玩。

我们应该怎样选择适合交往的朋友呢?

心海导航

朋友像亲人一样关心爱护、帮助和支持我们,带来了阳光般的温暖,但有时朋友也会带给我们无尽的烦恼,让我们陷入困境。在成长的旅途中,如何甄别友谊,明辨是非,让自己的友谊之树长青,人生之路敞亮呢?

1.广交朋友

每个人身上都有我们值得学习的地方，交友的范围不应仅限于与自己有共同兴趣志向的人，而应包含不同类型的人，这样才能向更多的人学习，从他人的经历中汲取生活经验，完善自我。知心姐姐卢勤提倡"求异"的交友原则："提倡男生和女生交朋友，学习好的学生跟正在努力的学生交朋友，城市孩子和农村孩子交朋友，家庭条件优越的孩子和家庭困难的孩子交朋友等。让不同类型的孩子在一起交往、相处，使他们对人的认识更全面，见识更多，成为一个能够适应社会，有能力与社会不同的人打交道的人，而不是一个孤独的、只会与少数同类人相处的人。"

2.多交益友

要多交对自己的学习和生活提供鼓励、支持和帮助的益友。需要注意的是，益友并不等同于学习成绩好的同学，衡量一个人是否益友，更多的要看他的人格品质、家庭教养以及行为习惯。孔子说益友有三种："友直、友谅、友多闻。"友直，指正直的朋友，不会有狡诈心和欺骗心，让人有安全感、信任感；友谅，指诚实守信、不虚伪的朋友；友多闻，指广闻博学的朋友。

3.免交损友

损友并非指学习成绩不好的同学，而与他们的人格品质有关。孔子说损友也有三种："友便辟，友善柔，友便佞。"友便辟，指的是专门喜欢谄媚逢迎、溜须拍马的人。这种人善于察言观色，见风使舵，凡事皆顺着你的心意，从来不会对你说个"不"字，这种朋友是心灵的慢性毒药。第二种叫友善柔，是典型的"两面派"，是心理阴暗的小人。他们当着你的面恭维奉承，和颜悦色，背后却传播谣言，恶意诽谤；第三种是友便佞，指的就是言过其实、夸夸其谈的人，没有真才实学，巧舌如簧却腹中空空。

52 如何结识新朋友？

成长的烦恼

小叶在一篇日记中写道："小学升初中，我从城镇来到了城市。因为地域的阻隔，我很难与之前的好朋友见上一面。周末不再有人来找我玩，我靠看电视来打发大部分的空闲时间，电视似乎成了我的新朋友。爸妈看我天天一人窝在家，就帮我报了兴趣班。在兴趣班上，老师安排一位女同学和我坐在一起。'你好，我是娜娜。'女孩开朗地向我介绍自己，她轻甩一头略显蓬松的头发，指着我前面的一个微瘦的女孩，说，'这是我堂妹，叫小娜。'我有些不好意思地笑着，也报上了我的名字。课间休息时，两个娜娜和我聊起了天，聊起了小学的生活，聊起了兴趣爱好。真好，我又有了新朋友！"

进入新环境后，你是否有过类似的苦恼和欣喜？你是如何结识新朋友的？

心海导航

跨入初中，新的学习环境，新的老师和同学，新的学科，会让我们产生新鲜感，对初中生活充满了憧憬和好奇。但不久后，我们对新的生活又会产生不适感。结交新朋友，尽快融入集体生活有助于改善适应不良，促进身心健康发展。

1.主动接触，拉近距离

心理学研究表明，人际关系的基础是人与人之间的相互重视、相互支持和相互接纳。任何人都不会无缘无故地接纳我们、喜欢我们，别人喜欢我们是有前提的，那就是我们也喜欢他们，承认他们的价值，对他们起支持作用。人际交往中的喜欢与厌恶、接近与疏远是相互的。在一般情况下，喜欢我们的人，我们才会去喜欢他们。愿意接近我们的人，我们才愿意接近他。而对于疏远我们、厌恶我们的人，我们也会疏远或厌恶他。

所以，你若想结交新朋友，就必须遵守这个交互原则，主动表达想与对方交往的意愿，主动向他们打招呼和微笑，积极创造机会与对方接触，拉近心理距离。你首先表现出接纳、肯定、支持和喜欢他们的态度，自然也能赢得他们对你的喜欢和接纳。

2.记住人名，表达尊重

据说，拿破仑将军能记住手下两万多老兵的名字，当他喊出一个士兵的名字时，这个士兵会感动得流泪。试想一下这样的情景：一个和你仅仅有过一面之缘的朋友，隔了一段时间你们第二次见面时，他亲切地喊出了你的名字，你内心是什么感觉？是不是会觉得很温暖，觉得他很重视你，对他的好感备增？所以，和新朋友拉近心理距离，表达尊重和好感的最好办法就是准确地叫出他的名字。如果相识之后见面，你叫不出他的名字，你觉得尴尬，他心里也觉得不舒服，他不会认为是你的记性不好，而会觉得是你不够重视和关注他。

怎样才能记住人名呢？比较有效的方法就是将一个人的名字和他的特征（比如长相、外貌、性格等）关联起来。比如，有个同学叫田旭，他性格大大咧咧的，活泼开朗，那么你就可以这么记他的名字：田旭性格开朗，就像田头早上升起的旭日。经过这样的联想，你对他的名字和性格的印象是不是更深刻一些？

3.找准话题，同频沟通

俗话说："物以类聚，人以群分。"我们通常喜欢和与自己有共同之处的人交往。和自己的共同之处越多，就越容易相互理解，相互交往也就越容易。所以有相似性格、兴趣爱好、成长经历、生活习惯的人容易成为好朋友。有时即便那些共同的东西并不十分重要，比如从同一所学校毕业，住在同一个社区，上过同样的兴趣班，喜欢读同一套课外书……它们也会使彼此之间产生一种亲切感。我们通常记得小时候经常打架、拌嘴的小伙伴，一起回家的同学，就是因为我们有过共同的情感经历，共同的经历越多，情感越强烈，朋友之间的感情就越深。所以，我们在与新朋友交往时一定要善于寻找和创造属于你们两个的共同点。

4.学会赞美，增进友谊

每个人都希望被赞美，这源自于个体渴望被尊重、被认可的精神需求。在人际交往中，学会赞美别人既是交往礼仪中一种重要的艺术，也是人际关系的润滑剂。我们通常不习惯赞美别人，原因有三个：一是认为赞美别人等于贬低自己，不屑于赞美别人。有这种心态的人通常把对方当成竞争对手，"我为什么要赞美他（她），他（她）有什么可赞美的？"，却忘记了赞美本身能够滋养人的心灵；二是习惯看到别人的缺点，"金无足赤，人无完人"，每个人身上都有很多缺点，但同时也会有不少优点，当盯着别人的缺点时就会忽略他身上的优点；三是认为赞美别人就是拍马屁、阿谀奉承。但赞美别人和拍马屁是完全不同的，前者是真诚的，发现别人的优点并恰当地表达出来，后者是出于功利的目的，心口不一。当我们用欣赏和赞赏的眼光去看周围的人时，自然会收获更多的朋友。

53 如何提升人际交往的魅力？

成长的烦恼

下课的时候，小海的眼睛又看向了窗外，看见别的同学三三两两在一起很开心地玩，很是羡慕，他也很想和他们玩在一起，很想有一位知心朋友说说话，心想要是我也能像他们一样该多好呀，可是小海却总是一个人，内心孤独寂寞。

怎样才能有更多的朋友呢？ 如何提升人际交往的魅力？

心海导航

马克思说：人生离不开友谊。但要得到真正的友谊不容易，友谊需要用真诚去播种，用热情去浇灌，用原则去培养，用谅解去护理。正确的交往方式包括以下几个要点。

1.培养良好的心理品质

善良、真诚、豁达、宽容是交往的基本素养，自信、乐观、开朗、活泼、热情是交往的核心元素，自尊和尊重他人以及富有同情心和责任感是与人交往的重要本质。这些良好的品质，是与人进行沟通和交往的重要条件。培养我们的宽容心、同情心、爱心很重要，在交往中学习他人的长处、优点，学会与他人商量、合作，尊重他人意见、想法，克服以自我为中心的不良习惯，才能与人友好相处，提高交往能力。

2.提高交往意识，激发交往兴趣

家长和老师应多传授人际交往重要性的观点，让学生充分认识到人际交往对一个人心理成长的影响和重要性，从小树立人际交往意识。

有些人性格比较内向、沉默寡言，对与人交往缺乏自信，不敢大胆与同学交往。这样的人，可以先找一两个小伙伴，先和友善的、性格开朗的、比较能接受别人的同学成为伙伴，上课同坐，下课同玩。性格开朗的同学可以多带领他（她）去参加各项活动，多和他（她）交流，慢慢消除他（她）的害怕、害羞的心理，然后鼓励他（她）逐步扩大交往范围，学会与更多人交往，提高交往的自信心，慢慢培养他（她）交往的兴趣。

3.积极参加活动，主动交往

交往能力是在儿童的活动中形成的，学校、家庭应该成为儿童进行社会交往的基础，不应该成为限制儿童交往的枷锁。

学校要多开展丰富多彩的活动，让学生主动参加学校、班级、同伴活动，在活动中主动与同学交流、互动，在互动中，体验和感受和伙伴交往的快乐，激发交往兴趣和自信。

家长要尽量让孩子走出去，走出家庭去寻找同伴，让他们到儿童的世界去发展社会适应能力，形成良好的个性和良好的品质。

4.学习为人之道与处世艺术

积极向老师和家长请教交往之道，教师和家长多指导孩子，让儿童懂得怎样平等待人、相互支持，懂得如何才能得到别人的尊重、友谊，学会克服羞涩心理、嫉妒心理、猜疑心理，对人以诚相待，学会调节自己的情绪、管理自己的情绪，学会换位思考、理解对方，主动与人交往，有误会时，主动交流解除误会，学会求同存异，和谐共赢。

培养儿童交往基本技能还可以多读关于名人之间友谊的故事和书，向他们学习对待朋友的态度和人际交往的技巧。

54 如何培养良好的社交礼仪?

成长的烦恼

又是一年毕业季, 北京某大型企业招聘应届毕业生, 最初几百名前来应聘的毕业生, 经过层层选拔, 最后只有三人获得最终面试资格。可以说, 这三人无论是学习成绩, 还是专业技能都是旗鼓相当, 不相上下。在最后面试的这一天, 他们都早早地到达, 人事部经理刚好有一个会议, 就让他们在办公室里等一下。办公室里有一台电脑, 有一个人想放松一下紧张的神经, 没有想太多, 就玩起了游戏; 另有一位同学则闭目养神; 第三位同学看见倒在地上的扫把, 就走过去扶好放在会议室的角落里。这时, 一个人开门走了进来, 宣布面试结束了, 录用了第三位同学, 理由是第三位同学有良好的社交礼仪。

你在日常生活中注重社交礼仪吗?

心海导航

社交礼仪是指人们在社会交往中由于受历史传统、风俗习惯、宗教信仰、时代潮流等因素的影响而形成, 既被人们所认同, 又被人们所遵守, 以建立和谐关系为目的的各种符合交往要求的行为准则和规范的总和。简言之, 礼仪就是人们在社会交往活动中应共同遵守的行为规范和准则。

1.尊重的原则

尊重是指真心真意的友善表现，不说谎、不虚伪、不骗人、不侮辱人，对他人有正确认识，相信他人，尊重他人，只有真诚尊重方能使双方心心相印，友谊地久天长。

2.信用的原则

孔子说："民无信不立，与朋友交，言而有信。"在社交场合，尤其要讲究：一是要守时，与人约定时间的约会、会见、会谈、会议等，绝不拖延、迟到；二是要守约，即与人的约定和口头答应的事，要说到做到，即所谓"言必信，行必果"。

3.自律的原则

自律乃自我约束的原则，用社交礼仪要求和规范自己的行为表现，不断用礼仪提高自己的修养和自控能力。自律原则也是处理人与人之间正常界限的原则，在社会交往过程中，在心中树立起一种内心的道德信念和行为修养准则，以此来约束自己的行为，实现自我教育、自我管理。通过自律摆正交往的天平，既不必前怕虎后怕狼地缺少信心，又不能凡事自以为是，自负高傲。

4.适度的原则

在交往中，不骄狂，不我行我素，不自以为是，不厚此薄彼，更不傲视一切。适度的原则是在交往中把握分寸，根据具体情况、情境而行使相应的礼仪，如在与人交往时，既要彬彬有礼，又不能低三下四；既要热情大方，又不能轻浮谄谀，要自尊不要自负，要坦诚但不能粗鲁，要信人但不要轻信，要活泼但不能轻浮。

5.自信的原则

这是社交场合中的一个心理健康原则，自信是很可贵的心理素质。一个有充分自信心的人，才能在交往中不卑不亢、落落大方，遇到强者不自惭，遇到艰难不气馁，遇到侮辱敢于挺身反击，遇到弱者会伸出援助之手。而一个缺乏自信的人，则会处处碰壁。

55 怎样做到积极倾听?

成长的烦恼

李辉和洋洋是同寝室好友,有一天,李辉因为恋爱的事情和爸妈发生争执。李辉的父母坚决反对李辉在学校谈恋爱,要求李辉立即断绝和女朋友的联系,这让李辉觉得特别苦恼,于是找到洋洋倾诉郁闷心情,希望洋洋给予一些建议。但是洋洋只是一边玩着游戏,一边应付着李辉,有时甚至心不在焉听错李辉表达的意思。李辉见状便索性停止倾诉,一个人跑去睡觉了。

为什么李辉不再向洋洋倾诉心情?怎样做到积极倾听呢?

心海导航

倾听是一门艺术。倾听不仅仅是要用耳朵来听说话者的言辞,还需要全身心去感受对方在谈话过程中表达的言语信息和非言语信息。

狭义的倾听,是指凭听觉器官接受言语信息,进而通过思维活动达到认知、理解的全过程;广义的倾听包括文字交流等方式。其主体者是听者,而倾诉的主体是诉说者,两者一唱一和有排解矛盾或者宣泄感情等优点。

善于倾听,要注意做到以下几点。

1.尊重对方，不要轻易打断对话

千万不要去深究那些不重要或不相关的细节而打断别人。尽量不要边听边琢磨他下面将会说什么，不要使你的思维跳跃得比说话者还快，不要试图理解对方还没有说出来的意思。

2.不要匆忙下结论

不要急于评价对方的观点，不要急切地表达建议，不要因为与对方有不同的见解而产生激烈的争执。要仔细地听对方说了些什么，不要把精力放在思考怎样反驳对方所说的某一个具体的小的观点上。问问自己是不是有偏见或成见，它们很容易影响你去听别人说。

3.要体察对方的感觉

一个人感觉到的往往比他的思想更能引导他的行为，愈不注意感觉的真实性，就愈不会彼此沟通。体察感觉，意思就是指将对方的话背后的情感复述出来，表示理解并接受他的感觉，有时会产生相当好的效果。

4.要注意反馈

倾听别人的谈话要注意信息反馈，及时查证自己是否了解对方。你不妨这样说："不知我是否了解你的话，你的意思是……"一旦确定了你对他的了解，就要给予积极实际的帮助和建议。

5.避免舍本逐末

善于倾听的人总是注意分析哪些内容是主要的，哪些是次要的，以便抓住事实背后的主要意思，避免造成误解。

56 如何关心别人?

成长的烦恼

薇薇每天上学都要乘坐公交车。有一天,车上上来了一位白发苍苍的老爷爷,走起路来很吃力的样子,这时车里已经没有空位置了,薇薇看了看周围,没有人起来让座,她觉得今天自己也很累了,别人不让,我干吗要让。这时,车里的广播响起:"请您主动给老人、残疾人、抱婴孩者让座。"薇薇不好意思地站了起来:"爷爷,您来坐。"

对于薇薇的行为你怎么看?我们为什么要关心别人呢?我们应当如何关心别人呢?

心海导航

关心和被关心是人类心理的基本需要,是人类的一种存在形式。首先,关心他人可以让自己更快乐。当我们关心帮助别人时,内心会有一种满足感、愉悦感,是快乐的、幸福的。其次,关心他人可以收获友谊。关心是人与人之间的一种连接和接触,在关心中,拉近了人与人之间的距离,增加了信任感、亲密感,让彼此心与心靠近。再次,关心他人可以让自我更有价值感。当别人有困难时,我们主动伸出援助之手，力所能及地帮助人，让他人重新燃起对生活、学习的信心，会感受到自己的能力和价值。

关心别人应该注意以下方面。

1. 真诚对待

要用一颗真诚的心去对待别人，关心别人不应该有任何的附加条件。应该诚心诚意、宽容大度地对待他人，不要因为人家关心你你才去关心他，更不要为了某种目的而去关心别人，切忌不需要人家的时候就不再关心人家，把人家抛之脑后。

2. 恰当适时

关心别人，光有真诚的心还不够，还要注意恰当适时，讲究一定的方法方式。先要弄清楚他需要什么，他是情感上受到伤害，需要心理安慰？还是事业上遭遇挫折，需要帮助？再或是身体有恙，需要慰问？有的人在受到伤害的时候，可能不太愿意别人去打扰他，去询问事情的原委，这个时候不妨用比较婉转的方式，比如书信，引领他把怨气发泄出来，然后再安慰他，这样也许会起到比较好的效果。而对于病榻上的病人，如果他是你的家人或爱人，他不仅需要你的精神慰藉，还需要你无微不至的照顾；如果他是你的朋友，你最好还要送上一束鲜花，说几句祝福的话，并给病人打气，让他有战胜病魔的信心，对他来说，这就是最好的关心了。如果你的朋友遇到了工作上或事业上的挫折，你可以伸出援手的时候一定要帮助他渡过难关，如果不能，就要在精神上为他加油，帮助他重拾信心，排除困难。

3. 换位思考

有的人想关心别人却不知道该从哪里下手，这时最好把自己当作是他，学会"换位思考"，站在他的角度上去考虑问题。这样，你的关心就更容易走进对方的心里。

57 怎样赞美他人？

成长的烦恼

一名高三学生偶然得知自己的分数比班上大部分同学高出许多后，他产生了一种优越感。平时，他总是不自觉地以居高临下的姿态与周围的同学交流，觉得同学都不如自己睿智、深邃。他常常在不经意间伤害了别人，造成与同学之间的冲突和摩擦。不仅如此，他甚至连自己的任课教师都不放在眼里。渐渐地，同学们离他远去，教师对他的印象也变得不佳，在"离群索居"的孤独中，他逐渐陷入极度苦闷的情绪之中。

这位同学的问题出在哪里？

心海导航

人人都需要赞扬，人人都乐意听到赞扬，那怎样的赞扬才有效呢？赞扬要取得效力，首先要让人觉得真诚，是发自内心。只要对方觉得赞扬是出自真诚，发自内心，即使感觉有些夸大，也会沾沾自喜。人都有优点，只在于我们善不善于发现。真诚是赞扬的灵魂，只有真诚的赞扬才能深入别人的心灵。

要真诚地赞扬别人，应当注意以下几个方面。

1.赞美的具体化

空泛化的赞美虚幻生硬，使人怀疑动机，而具体化的赞美则显得真诚。

2.主动同别人打招呼

打招呼背后的含义是我眼中有你，越是高层的人越是喜欢同下面的人打招呼，这一点在生活中是很明显的。

3.适度指出别人的变化

这种做法的意义在于让对方明白：你在我心目中很重要，我很在乎你的变化；否则是我瞧不上你，我不在乎你，这是很糟糕的。所以说，生活中长时间不见面，朋友无论说你胖了瘦了都是很舒心的。

4.和自己做对比

通常情况下，一般人是很难贬低自己的，因此如果你一旦压低自己同对方做比较，那么就会显得格外真诚。

5.逐渐增强的评价

你想要得到一个人的心，那么就应逐渐增加你的赞美；你要伤害一个人，那么就逐渐降低对他的评价。

6.了解别人的兴趣与爱好，投其所好

如果对方喜欢音乐，就谈钢琴曲，谈三大高音，对方喜欢钓鱼就说钓鱼，这个简单方法的生活例子就是，我们在钓鱼时，诱饵不放我们觉得好吃的东西，而是放鱼儿认为好吃的东西。看一棵树，看花、看叶、看枝干，只要你带着欣赏的眼光，带着审美的心情，总能在一棵树上发现出美来。生活中与人相处也一样。让我们学会赞美别人吧！在你赞美别人的时候，你同样也会被别人赞美。

58 怎样做一个合群的人?

成长的烦恼

一名高二的女生说,舍友们都不喜欢她,被人排挤的感觉很难受。

其实,刚进校的时候她和大家相处得不错,一起聊天、吃东西。可是后来大家对她就很冷淡了,令这位女生很困惑。原来,问题出在这个女生作息时间与他人不一致,晚上别人睡了,她还在看书,或者很晚洗漱,老是弄出一些声音,影响大家休息;舍友们从家里带来好吃的,都与她一起分享,而她却从来没有什么表现,其实这是因为她家境不好,怕自己带来的食物别人不喜欢,结果却让大家误以为她很吝啬,以致舍友们疏远了她。

要做到与同学合群,需要注意哪些方面呢?

心海导航

提高人际合作的技能,有以下几点建议。

1.树立平等观念

所谓"合群",就是与他人通过心理上的相容而保持平等的交往和相处,也就是通常所说的"合得来"。因此，要想跟人"合群"，首先要能够平等待人，不要有等级观念。倘若你觉得他们粗俗、缺乏修养、文化层次低，看不起他们，在任何场合都不与他们接触，这便是不平等的心理在作怪，只会导致相互间的隔阂和对立。事实上，一个看不起别人的人，也一定会被人看不起，甚至遭人唾弃。所以，当你不喜欢他人的生活方式或习惯时，最好是尊重他们并平等相待，切忌鄙视，不要认为与比自己身份低的人交往有失体面。其实，"布衣之交"最贴心、最牢靠，也对自己最有益处。

2.保持对他人的兴趣

奥地利著名心理学家阿尔夫·阿德勒曾经说过："对别人不感兴趣的人，他一生中困难最多，对别人的伤害也最大。"事实正是如此，一个你不感兴趣的人，你是不会跟他"合群"的。因为不感兴趣就会导致感情疏远，感情一旦疏远就会产生隔阂，有了隔阂便会格格不入，这样就会使你越来越被孤立，你就会失掉别人对你的关心和帮助，成为一个无关紧要的孤家寡人。因此，要摆脱孤独，与人"合群"，就要学会真诚地对别人感兴趣，要从一些生活小节上表现出对别人的极大热情和关注。比如，要留心观察对方的生活和工作情况，看有无需要帮助的地方；要记住对方的生日，到时道一声"祝您生日快乐"；对方学习上取得了成绩，别忘了道一声"祝贺"；对方遇到不顺心的事或天灾人祸，要去表示一下安慰。这样，在频频的接触中，就会增进互相的了解，增强相容性，对方也会觉得你时刻把他（她）放在心上而对你产生感激心理，并主动与你接触。

3.待人宽容

《孔子家语》中说："水至清则无鱼，人至察则无徒。"也就是说：一条清澈见底的河流，常常不会有鱼虾来繁殖；人太苛刻了，求全责备，就无人与之交往。往往一个心地纯真、修养颇高的人却容易产生缺乏容人雅量的不足，因为自己严格自律，便由己及人，对别人的短处和缺点难以容忍。倘若过于孤芳自赏、自命清高就难于跟人"合群"，事业也可能随之遭受挫折。

4.理解和尊重对方

尊重别人，首先是尊重别人的意见。能直言规过者，可谓诤友。能当面提意见是相互理解和信任的表现，只有真正的朋友，才会放言无忌。所以，在交往中要善于听取对方意见，互相取长补短，只有这样才能使交道越来越深厚。其次，要尊重别人的生活习惯。一个人的生活习惯是自幼养成的，是受家庭的教育和周围环境的影响而潜移默化的结果。生活习惯对于每一个人来说都很难改变。一个人的生活习惯对社会和他人没有直接的利害关系，它只是由各自不同的性情决定的。一般来讲，有什么样的性情，就会养成什么样的生活习惯。所以，尊重别人的生活习惯就等于尊重别人的人格。古往今来，没有一个人能够同曾经侮辱过自己人格的人"打得火热"。

5.设法与对方产生"共鸣"

人与人之间在性情和志趣上虽然存在着差异，但也有相同之处。相同则相通，共同的兴趣和爱好能将人拧在一起，共同的目标和志向能使人走到一块。所以，人与人"合群"与否的关键就在于双方是否能在相同之处产生"共鸣"。

在人际交往中，要尽量寻找双方的共同点，使彼此产生心理上的"共鸣"，以减弱影响交际的不利因素，把相互间相左的性格特点放在交际的次要位置，求大同存小异。比如，交际的双方都有文学爱好，喜欢写文章，但双方却存在着较大的个性差异。这种情况，就要选择前者作为交际的出发点，以共同的爱好来产生"共鸣"，这是双方合得来的基础。若丢弃了共同的爱好而在不同的个性上去互相指责或计较，就会使本该合得来的双方变得"合不来"。我们应该多看到别人与自己的共同点，而不应该去计较与自己不同的方面。只有这样，才能跟人"合群"。

59 怎样做到相互尊重？

成长的烦恼

　　教室里，李军把一个废弃的纸团掷向角落的垃圾桶，不料打在了王浩的身上。王浩生气地瞪了一眼李军，李军则戏谑地喊道："王麻子，快帮我捡一下。"王浩没有理睬，李军又大声地重复。王浩一言不发，走过去就给李军一拳，并对李军吼道："再敢骂老子，老子打破你的头！"李军觉得委屈不服气，当即还手，两个人厮打起来。

　　从李军和王浩身上，你认为哪些行为是缺乏尊重的表现？与人相处，应怎样做到相互尊重呢？

心海导航

　　尊重是一种既对自己又对他人真诚的认可，对自己和他人的社会价值、能力、行为等表示认可和赞赏。从心理学上讲，尊重是一种健康的心理需要。美国心理学家马斯洛1943年在《人类激励理论》中提出了一个关于人的需要结构的理论。他将人类的需要像阶梯一样从低到高分为五种，即生理需要、安全需要、社交需要、尊重需要和自我实现需要。尊重的需要又可分为内部尊重需要和外部尊重需要。内部尊重是指一个人希望在各种不同情境中有实力、能胜任、充满信心、能独立自主。外部尊重是指一个人希望有地位、有威信，受到别人的尊重、信赖和高度评价。马斯洛认为，尊重需要得到满足，能使人对自己充满信心，对社会满腔热情，体验到自己活着的用处和价值。

尊重既包括尊重自己，也包括尊重他人，尊重社会，乃至尊重每一个生命。青少年应努力做到以下几个方面。

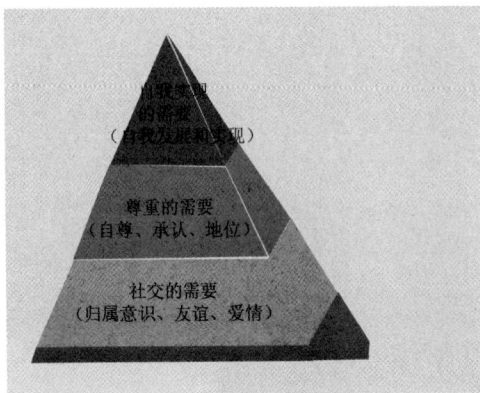

1.尊重自己，悦纳自己

尊重自己，即自尊，是个体对其社会角色进行自我评价的结果，通过社会比较形成。自尊有强弱之分，过强则成虚荣心，过弱则变成自卑。在个体发展特别是接受学校教育的过程中，自尊对其学业成绩、创新等方面产生重要影响。因此，中学生要培养恰当的自尊意识。一方面，学会认识自己，尊重自己，接纳自己；另一方面，努力维护自己，发展自己，捍卫自己的人格尊严。

2.尊重他人，学会感恩

尊重作为人类的一种附着感情，从来都是相互的。人有地位高低之分，但无人格贵贱之别。尊重他人不因身份、地位、财富、权力、荣誉等差异而发生变化。不论是来自农村的他（她），还是成绩不好的他（她），抑或不爱干净的他（她），理应都得到尊重。中学生要尊重父母，感恩他们的养育之恩；要尊重老师，感恩他们的默默付出；要尊重同学，感恩他们的真诚友谊；要尊重路人，感恩他们的辛勤劳动。要尊重所有的人，因为只有尊重他人，他人才会更好地尊重你，在相互尊重、相互理解和平等交往中，才能营造一个和谐的世界。

尊重他人小锦囊

（1）老师讲课、发言，或别人谈话时，我们要认真倾听，眼神要专注；

（2）离开学校时要专门和老师、同学打个招呼；

（3）在学校里碰到同学要微笑寒暄或点头致意；

（4）和约好的人聚会，就应当准时赴约；

（5）说过的话就要算数；

（6）待人真诚，懂得谦让；

（7）别人说错话或做错时，礼貌地向他解释或纠正；

（8）不讽刺嘲笑别人；

（9）别人付出努力时，为他鼓掌；

（10）不给别人起绰号。

3.尊重社会，恪守规则

个人与社会相互作用、相互促进。个人的生存和发展依赖社会提供的物质条件，社会的文明与进步离不开个人素质的提高。中学生要尊重社会，恪守规则，促进个人和社会的协调发展。具体来说就是要做到：恪守规则、维护权利、履行义务。恪守规则是尊重社会的底线。权利和义务是尊重社会的根本内容。作为当代中学生，要树立规则意识，遵守社会和学校的规章制度；要培养权利意识，维护自己和他人的权利；要履行个人义务，勇于承担对学校、家庭和社会的责任和义务。

4.尊重生命，享受教育

中学阶段正是人生观、价值观走向成熟的时期。按照马斯洛的需要层次理论，生理需要是人类的最基本要求，如果生理需要得不到满足，生命就会受到威胁。一方面，对生命的渴求使得中学生本能地远离危险；另一方面，中学生往往对生命意义的认识较为模糊，这使得少部分学生在面对重大创伤时对生命缺乏应有的尊重。教育的使命在于让每个鲜活的生命都实现有意义的发展，尊重生命更加成为教育呼唤的最强音。生命是有限的、也是不可逆的，不论未来遇福遇祸，或喜或忧，我们绝不应辜负生命。

60 如何增加人际信任?

成长的烦恼

刘文是个性格内向、独来独往的漂亮女孩儿,下雨时,她宁愿在教室里等很久到雨停后回家,也不愿意求助同学共用一把伞。同学都称她"冰雪女王"。原来,在她初一时,父母离异,谁都不愿意要她的监护权,后来她被判给父亲。她觉得父母都不要自己,一直很孤单。她把所有心事都分享给一个好朋友,没想到初三时,两人因一点别扭吵架了,对方把她的很多秘密说了出去,此后,只要有同学在附近三五成群地说话,她就担心别人是否在悄悄议论自己。高一终于换了一所新学校,她在心里发誓再也不相信任何朋友了。

想一想,缺乏人际信任会给我们的人际交往带来哪些影响?应如何增强人际信任呢?

心理导航

人际信任是良好人际交往的前提。在人际互动中,如果个体对他人缺乏信任,他就会感到对方的行为模式充满了不确定性,会对交往对象和交往过程充满疑虑、猜忌或恐惧,从而在交往活动中表现出畏缩、被动、自我防御等消极状态，甚至逃避人际交往，进而引发焦虑、内疚、孤独等负面情绪，危及心理健康。此外，人际信任水平低还会导致消极的自我概念、低自我价值感和低自尊，进而影响到自我和人格的健康构建。增加人际信任，可以从以下几个方面入手。

1.加强沟通与交流

沟通和交流是建立友谊的桥梁。沟通，消除隔膜；交流，敞开心扉；真诚，融化壁垒。学习上的切磋交流、课堂外的娱乐打闹、校园文化活动的策划参与、生活上的互帮互助都有助于我们在共同经历奋斗、竞争、欢乐、磨难等过程中建立高水平的人际信任，沟通与交流的前提是主动和真诚。

2.提升自我价值感

自我价值感主要由个人对自己能力的知觉或他人对自己能力的知觉所决定，在社交过程中，相信自己能处理好与他人的关系，积极从事成就活动，不断完善自己，增强自我价值感，不仅能帮助自己赢得他人的友谊，也让自己更笃信朋友的真诚。

3.避免"防卫过当"

美国哲学家爱默生说过："你信任人，人才对你忠实。"我们在与他人交往时，出于自我保护的适当防卫是必要的，但对于多数人，尤其是班级同学和老师，我们应相信人性的善良，相信他人的真诚，从积极面去看待他人的言行和动机，避免缺乏根据的猜疑和妄加评判。我们需要学会辨析谎言背后的动机，并告诉对方我们需要怎样的真诚。

4.优化个人的心理品质

良好个性品质的塑造，高尚道德情操的培养，都有助于人际信任的建设。诚信的、随和的、善于倾听的、心胸宽广的人更容易赢得他人的信任，也更愿意相信他人。

61 如何表达自己的诚意?

成长的烦恼

小岑又一次站上讲台准备组织班会,下面又开始了窃窃私语"上次答应我的事情都没做到……""最会装,说话都不看对方……""嗯,其他的同学都真诚亲切,小岑对我们说的事情,她自己都没有做到,还要我们做到"。

几次班会下来,小岑难受极了,哭丧着脸冲进班主任办公室诉苦道:"老师,我学习成绩好,做事努力,他们却总说我没诚意,为什么他们都不喜欢我呢?我在班上都没有朋友,我好孤独,我不会与人相处。我觉得难受极了。"

你有过和小岑类似的烦恼吗?与人交往该如何表达我们的真诚呢?

心海导航

准确地表达并让对方感受到我们的诚意,可以从以下几个方面进行努力。

1.保持本色不做作

(1)保持本色:内在的气质是最宝贵的,一个真正懂得如何相处的人,绝不会因场合或对象的变化而放弃自己的内在特质,盲目地迎合、随从别人。保持一个真实的自我，忠诚老实，不讲假话，忠于事物的本来面目，崇尚诚实，光明磊落，言语真切，处事实在，真诚坦白，希望以直接的、真诚的方式交流。

（2）耐心倾听：懂得尊重别人是最基本的礼仪，即使对方说的不是自己感兴趣的，我们也需要面带微笑耐心倾听，并给予及时反馈。

（3）不断充实：不懂装懂是令人厌烦的，特别是在长辈和知识渊博的人面前，无论是生活还是学习，看到自己的不足，谦虚好学，不耻下问，不断地更新自己，充实自己的能量，时刻为自己充电。

2.信守承诺树信誉

古有"曾子杀猪""商鞅立木"等信守承诺、说话算数、讲信誉、重信用的佳话。林肯曾经说过："你能够欺骗所有人于一时，也能够永远欺骗一些人，但是却不可能永远欺骗所有人。"在人类道德体系中，履行自己应承担的义务，诚实守信的理念是最重要的，这也是中华民族的传统美德，即一个人信守承诺才能立身，这更是一种崇高的人格魅力。

3.表达技巧勤学习

美国传播学家艾伯特·梅拉比安曾提出一个公式："信息的全部表达=7%内容+38%语气语调+55%肢体语言"。我们往往把语气语调和肢体语言都作为非语言交往的符号，信息沟通就只有7%是由言语进行的，我们更需要不断学习运用目光、面部表情、身体运动和姿势等非语言交往的符号来表达诚意。

（1）充满诚意的眼睛：坦荡如水，平静地注视，不用躲躲闪闪或目光垂下不敢直视。

（2）充满诚意的举止：自然，大方，从容不迫，举手投足一副安然之态。

（3）充满诚意的微笑：温馨阳光，充满暖意。皮笑肉不笑和故意挤出的笑，都缺少真诚。

（4）充满诚意的称赞：称赞别人要发自内心，是心灵之语。

（5）充满诚意的握手：握手是否显得有诚意在于握手的轻重。握得太重，可能是想表示热忱或有所求；握得太轻，会显得有些轻视对方，或者自己是有严重的自卑；恰到好处的握手，是大方地把右手伸出去，手掌和手指全面地接触对方的手。

62 怎样做到谦让别人？

成长的烦恼

阿成和圆圆是同桌，关系很不错。有一次在新学期发新书的时候，圆圆拿到了一本有些污渍的书，她心里很不开心。找老师调换无果，课后她希望和同桌阿成调换。阿成一看书本上的污渍，一口回绝了圆圆的要求。圆圆就嘟囔着说了句"小气鬼，都不知道让让女生"，结果这句话传到了阿成的耳朵里，他和圆圆大吵了一架，最后谁也不愿意再理对方。

如果你是阿成，你会怎么做？

心海导航

谦让，是指谦虚地礼让或退让。谦让是中华民族的传统美德，表示很有礼貌。这是一个充满竞争的时代，竞争无处不在。我们时时争，事事争，处处争。孟子说："无辞让之心，非人也！"意为"没有谦辞礼让的心，不能算是人！"孟子认为辞让就是人与动物的基本区别之一。荀子说："人之所恶何也？曰：污漫、争夺、贪利是也。人之所好者何也？曰：礼义、辞让、忠信是也。"意思是说，人天生都厌恶争夺贪利的人，喜欢辞让忠信的人。因此，谦让能让我们成为受欢迎的人。

那么，如何才能做到常怀"谦让之心"呢?

1.消除"众人皆应为我"的心理

生活中很多时候，我们最容易看到和感受到的是"我需要"，而很少看到或者想到"你需要"。当家庭中爸爸妈妈、爷爷奶奶，甚至姥姥姥爷全部都围绕着我们转的时候，我们会认为，"我的需要"是所有人都应该满足的。要想常怀"谦让之心"，首先就需要破除"众人皆应为我"的心态。在选择得失的时候，少用"我需要"，多使用"你需要"的句式。

2.培养谦让意识，树立宽容之心

俗话说"忍一时风平浪静，退一步海阔天空""与人方便，与己方便"，谦让不仅能"大事化小""小事化了"，还能够让我们得到别人的感激、欣赏和尊重。这会让我们拥有更和谐的人际关系，获得更多的知心朋友。

在很多时候，当我们遇到困难时，我们会得到朋友们的真心帮助，这就是对我们谦让别人的最大回报。

3.寻找好榜样，模仿学习

从我们牙牙学语会说"我"开始，我们就开始了争夺和竞争。没有人生下来就会谦让，所以我们需要学习，才能够获得谦让的美德。向谁学习呢? 我们要从身边的好榜样开始学习，父母、同学还有老师都可以成为我们学习的榜样。

4.走出自己的小天地，多与人相处

只有在与人交往中我们才能认识到自己和他人的关系，我们才知道如何与人相处，才能学会谦让、分享和适应。

63 如何预防和化解嫉妒情绪?

成长的烦恼

小红、小兰和慧慧三个人是发小,小学毕业后,慧慧跟随爸妈去了国外读中学,小红和小兰成了同班同学。尽管慧慧大部分时间都在国外,但是她和小红、小兰都经常保持联系,三个人依然是关系很好的闺蜜。在小红心里,她挺羡慕慧慧的,经常请慧慧介绍国外的学习、生活、旅游、时尚等相关信息,而且每次听到慧慧获得荣誉和奖励的时候都真心替她感到高兴。可是,最近一段时间,小红发现,每当小兰考试成绩领先自己,或者被老师同学格外夸奖的时候,自己心里总会有点酸酸的、不愉快的感觉,但表面上还要恭喜和夸赞小兰,这让小红特别苦恼。

过于强烈和持久的嫉妒情绪会对我们的心理状态产生消极影响,你有什么方法预防和化解嫉妒情绪吗?

心海导航

《心理学大词典》对嫉妒的定义是:与他人比较,发现自己在才能、名誉、地位或境遇等方面不如别人而产生的一种由羞愧、愤怒、怨恨等组成的复杂情绪状态。嫉妒心理是每个人都普遍具有的一种心理状态，对于每一个积极向上、有追求的人来说，都会有或隐或显的嫉妒心理。在日常的学习和生活中，看到他人的成就，对于他人所获得的地位和荣誉，面对他人优越的自身条件和才华等等，难免会有不舒适和不服输的感觉，这种心理感受是正常的。但是过度的嫉妒心理，则会影响自己的人际关系和身心健康。

嫉妒的本质是占有的欲望，而不是发展的欲望。占有的欲望是关注如何去占有一块蛋糕中更多的份额，而发展的欲望是研究如何做出更大的蛋糕。嫉妒心强的人总是认为，人只要占有了应该属于自己的东西，就能获得良好的自我价值感和自我感觉。而事实上，只有把别人的成功、别人的"好"视为对自己的鞭策和挑战，而不是试图贬低别人来抬高自己，才能从自我发展的过程中提升自我价值感。

要预防和转化嫉妒情绪，可以试图从以下几个方面进行调整。

1.调整认知，理性归因

尺有所短，寸有所长。每个人都有自己的特长和不足，我们要理性客观地看待自己的优点和不足，避免以己之短比他人之长。要注意开发自己的潜能，防止病态的"自尊"和"自卑"。

情绪ABC理论指出，人的情绪不是由外在的客观事物直接引起的，而是由我们对事物的认知和评价所引起的。面对同一件事情，看法和信念不同，体验到的情绪和结果也可能不同。比如，同样是好朋友考了年级第一名，如果你认为对方不具备这种实力，只是侥幸或投机，便容易滋生嫉妒情绪；如果你猜想对方一定是最近特别努力或者掌握了良好的学习方法，便会产生佩服的情绪并由衷地祝贺和赞美对方，向对方请教。

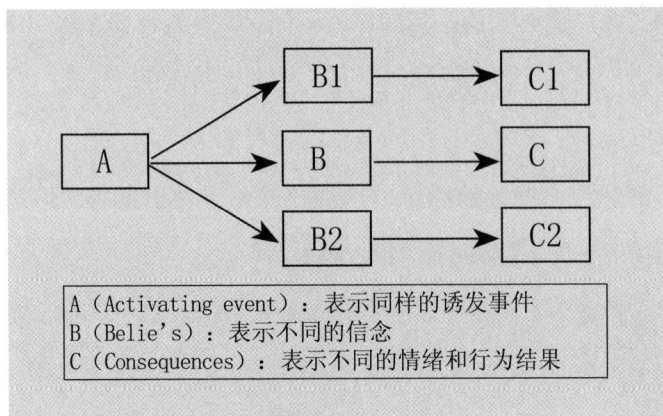

A（Activating event）：表示同样的诱发事件
B（Belie's）：表示不同的信念
C（Consequences）：表示不同的情绪和行为结果

情绪ABC理论示意图

2.明确目标，树立自信

目标就像海洋上的灯塔，指引着我们进步的方向。一个人会嫉妒别人，常常是因为模糊了目标，迷失了方向，失去了自信。因此，当我们受困于嫉妒情绪时，需要及时弄清自己的目标，调整比较的方向，从"盲目地与他人比较"回归到"执着地与自己比较"，发现自己一段时间以来的积极变化，继续调动自身的潜能，朝着既定的目标不断努力，随时保持在理性竞争中的自信。

3.专注行动，丰富阅历

嫉妒对方，恰恰说明内心充满希望自己超越对方的欲望及动力，如果将这份动力转化为行动，以进取之心来激励自己，嫉妒之火自然就会变成奋斗的激情。同时，我们需要广泛接触身边的人和事，不断增长见识。俗话说，"天外有天，人外有人"。随着自身阅历的不断丰富，我们的胸怀将会更加宽阔。当我们能怀揣更大的梦想来指引自己的行动时，眼下的嫉妒便会烟消云散。

64 如何克服害羞情绪?

成长的烦恼

媛媛是个害羞的女孩,第一次见面就会给人留下深刻印象。因为她通常还没开口讲话,就会满脸通红。和别人交流时,她总是很紧张,问一句答一句,不问就不再说话。五年级时,学校举行"故事大王"比赛,媛媛在妈妈的劝说下报了名,也做了很充分的准备。可是在临赛前一天,媛媛怯场了,任凭妈妈好说歹说,就是不肯参加,还哭了起来。对于自己的胆小和不善言谈,媛媛也很苦恼。

很多人都有过害羞的经历,你也有过吗?该如何克服它呢?

心海导航

"害羞"是一种不好意思、感到难为情的心理。过度害羞会影响我们结识新朋友,不敢主动地表达自己的情感和需要,失去与他人建立亲密关系的机会。以下方法可以帮助我们在一定程度上克服害羞。

1.改变引发害羞的糟糕念头

试想你家里来了很多爸妈的朋友,但你一个都不认识。你进屋时,大家突然安静下来，所有人都在盯着你看，有人跟你打招呼，你回应之后却不知道该继续聊些什么，心想"他们肯定觉得我很傻，不善于跟人打交道吧"。你起身去给大家斟茶倒水，想借此缓解一下自己的局促不安。没想到水有点烫，你一失手把杯子给摔碎了。你懊恼地想，好丢人，这么点小事都做不好！他们肯定都在看着我。于是你更加感到浑身不自在，缩在角落一言不发，想着什么时候能找个机会偷偷溜走就好了。事后你回想起这事，你为自己感到羞愧，你认为自己太胆小害羞了，你努力想改变，但这么久了好像也没什么变化，你怀疑自己是不是出了什么问题。结果你越这么想，就越感到难过和沮丧。

这个例子向我们展示了"所有人都在盯着我看""他们肯定也觉得我很傻""好丢人，这么点小事都做不好"这样的负性思维方式是如何影响我们的情绪和行为，让你的害羞和焦虑不断升级的。要克服羞怯，就必须找出并改变这些可能会让你持续产生焦虑感的糟糕念头。你不妨问问自己这些问题：当时事情的细节是怎样的？你当时的感觉是怎样的？比如，感到害怕、紧张、厌烦、犹豫等等。当你产生这些感受时，头脑里浮现出来的念头是什么？这个念头对你来说意味着什么？你觉得当时可能发生的最糟糕的事是什么？这个糟糕的结果对你来说意味着什么？在这种情形下，究竟是什么东西在困扰着你？

回想自己最近一次害羞的经历，参照范例试着填写下面这张"想法记录表"，利用它来觉察和改变引发你害羞的那些糟糕念头。

具体的事件	上数学课时，我回答问题的声音很小	
当时的感受	慌张、羞愧、担心	
当时的想法	担心自己的回答是错的，如果没有回答正确，同学们会觉得我很笨，老师会对我感到失望； 老师和同学肯定看出我很紧张了，会觉得我很没用，这种小问题都回答不好	

怎么改变这个糟糕念头	每个人都有回答错误的时候，即使我回答错了，也不能说明我就很笨； 很多同学都在思考解题方法，并没有关注我发言的表现，老师也不会因为一道题就否认我	
做些什么使自己朝更好的方向改变	回答问题时别太关注自己的感受，把注意力集中在回答的内容上； 给自己一些积极的鼓励； 课前认真预习，上课认真听讲，做好充足的准备去回答老师的问题； 平时多举手发言，锻炼自己的胆量，慢慢习惯这种发言的场合	

2.赶走头脑里的"监工"

你认为害羞是因为害怕别人，其实你错了，你怕的是你自己：害怕自己会说错话，穿错衣服，听不懂别人的笑话。就像头脑里藏着一个"监工"，他不停地用批评性的话评价和指责你："哎呀，你怎么这么笨""你可千万别再出错了""别傻乎乎地站着，主动跟别人说说话呀""手怎么抖起来了，要镇定点"……有这样一位"监工"不停地指责你，你怎么会不紧张焦虑呢？于是你行为失常，频频出错，而这种失常又引起这位"监工"更高度的焦虑，他进一步加强了对你的控制，结果越控制你越紧张、越出错，形成了一个恶性循环。

其实，只要减少"监工"对我们的干扰，就可以自然轻松地与人交往。怎么减少他对我们的干扰呢？一个办法是转移你的注意力，即把原来对自己内在的注意转向外界，让这个"监工"忙于注意周围的世界而无暇关注你自己。比如，进入一个陌生的朋友圈时，如果不知道和大家聊些什么，有些焦虑局促，不妨试着去观察周围人的穿着打扮，根据他们的言行举止猜测他们的职业和个性。当你像科学家探索新领域一样，带着一颗好奇心去观察周围所发生的事时，你的状态就会逐渐变得轻松自然，不再害羞紧张。

3.放松练习缓解紧张

有些人害羞时，经常躲避对方的目光、很少说话、回答问题简短、与别人保持较远的距离，而与之伴随的生理反应有脸红、脉搏跳动加剧、心跳加速、出汗、颤抖等。如果能每天坚持1~2次下面的肌肉放松练习，缓解身体的紧张，某些紧张反应将会减轻。

渐进式肌肉放松训练

找一间安静的房间，用一种你觉得舒适的姿势坐着或躺下，想象自己某个害羞时的情境，去感受它带来的躯体反应。然后按照"双脚—双腿—小腹—后背—脖子—双臂—脸—臀—全身"的顺序进行放松，基本的做法是：先收紧你的肌肉，让它持续3~5秒，然后放松10~15秒后体验肌肉放松的感觉。具体程序如下：

1.足部：弯曲脚趾，收紧足部的肌肉，然后放松，重复。

2.腿部：伸直你的腿，跷起脚趾指向你的脸，然后放松，弯起你的腿，重复。

3.腹部：向里、向上收紧腹部肌肉（好像你的腹部正在经受一拳），然后放松，重复。

4.背部：收紧背部，放松，重复。

5.肩部/脖子：尽可能耸起你的双肩（向内、向上），头部向后压，放松，重复。

6.手臂：伸出双臂、双手，先紧张后放松，弯起手臂，重复。

7.脸部：收紧前额和脸颊，皱紧眉头，咬紧牙关，再放松，重复。

8.全身：收紧全身肌肉，包括足、腿、腹部、背部、肩部、手臂、脸，保持全身紧张几分钟再彻底放松。

---

65 怎样避免误解?

成长的烦恼

刘芳与谢丽都从农村考入同一所高中读高一,性格上,刘芳内向沉静,谢丽外向活泼,两人成绩都在班级中等水平,因为开学时被分配到同一个宿舍,她们逐渐成为无话不谈的好朋友。高一上学期期末考试结束后,两人的关系却悄悄发生了变化。原因是刘芳成绩退步很大,而谢丽则前进到班级前十,刘芳常常愁眉苦脸,沉默不语。谢丽安慰她不要太过在意一次考试成绩,却被误认为是胜者对败者的同情,是故意显摆,两人之间开始冷战,相处起来也越来越小心翼翼,双方内心都感觉很压抑,不明白好好的友谊怎么就变质了?

朋友相处,该怎样避免误解呢?

心海导航

步入高中后,面临着新的环境、新的群体,人际交往日益频繁和复杂,人际关系成为我们需要适应的一项重要内容。由于同学们来自不同的地区、不同的中学、不同的家庭,以各自的生活方式、思维方式和行为方式朝夕相处,稍不留神,就可能会造成误解或冲突。相处过程中,要避免彼此误解,取得有效沟通,需要注意以下几个方面。

1.敞开心扉、积极主动

人际交往有一条黄金法则：你希望别人怎样对待你，那你就怎样对待别人。所以沟通的第一步是敞开心扉，积极主动地与他人交往，这样，别人才会愿意与你交流信息、思想及感情。

2.态度诚恳、坦率

过于恭维，会给人虚情假意的感觉；太过傲慢，又会让人感到难以接近，心生反感。因此，唯有真诚、谦和、坦率的沟通态度，才能拉近双方的心理距离，给人以信任感。

3.学会倾听、尊重对方

善于倾听是成熟的人的基本素质。正确的倾听行为是怎样的呢？除了用耳朵之外，还要学会用眼睛、表情、动作、语言告诉对方你在真诚、认真地倾听，而且要听完整，不要断章取义。

（1）积极关注。眼睛注视说话的人，将注意力始终集中在对方的谈话内容上。

（2）给予反馈。用点头、微笑表示你理解对方的想法。如不赞同对方的观点，仍要保持尊重的态度。

（3）耐心倾听。在别人说话内容较多、较长或言语不简洁时，不要随便打断对方，应等别人说完再发表意见或补充，表达自己意见时也要以"我认为……""我想补充说明……"等较温和的方式参与交流。

（4）用心倾听。不仅要用耳朵听对方所说的话，还要用心领悟对方语言后面蕴含的意思。

4.正确运用言语沟通技巧

吉卜林曾说过："语言是人类所用过的最有效的药。一句话，有可能成为我们与他人之间的藩篱；也可能成为我们与别人之间沟通的桥梁。"与人交往时，需要考虑对方的性格、言语表达习惯、彼此的关系远近、了解程度，斟酌合适的语言，正确表达自己的想法和情绪感受，措辞得当，言简意赅。

5.正确运用非言语沟通技巧

非言语沟通主要是通过语言之外的肢体语言、面部表情等方式来传达信息和沟通态度，著名心理分析学家、非口头交流专家朱利乌斯·法斯特曾写道："很多动作都是事先经过深思熟虑，有所用意的，不过也有一些纯属于下意识。比如说，一个人如果用手指蹭蹭鼻子下方，则说明他有些局促不安；如果抱住胳膊，则说明他需要保护。"声音的语调及音高，身体的姿势和动作，脸上稍纵即逝的"微表情"，都可以在语言之外传递交流信息。在日常交流中，如果你悉心观察到这些言语之外的内容，一定有助于你更深刻地了解对方的心理需求，提高沟通的质量。

6.及时反馈、不断调整

有效沟通除了采取正确的方法和态度，还需要对方的反馈以及适时的调整，试一试下面这个游戏，谈一谈你的领悟。

撕纸游戏

1.游戏规则

每个人准备一张长方形的纸，然后邀请一个人做指导者，其余的人根据指导者的指示进行折纸游戏，操作过程中不能提问，不能互相商量。

2.游戏过程

指导者念指导语：把这张纸上下对折，再把它左右对折，在右上角撕掉一个等腰三角形，然后把这张纸左右对折，再上下对折，在左下角撕掉一个等腰三角形。

做完后，请将这张纸展开来看一下，它的形状是什么？比较自己与其他同学撕的"作品"，是一样的吗？

为什么同样的材料、同样的指令，每个同学撕出来的"作品"形状会如此千差万别？

3.再试一次

这次的操作和上次一样，不同的是，这次可以向指导者提问，可以互相商量。

4.讨论、思考

这次大家的"作品"形状是不是更加接近了呢？

为什么两次的结果差异会如此之大？

第一次游戏虽然都是在同样的指令下操作，但同学们撕出来的"作品"形状各异，而第二次游戏中大家的作品却更相似。这是为什么呢？因为我们每个人的思维都不一样，对信息的理解也就有了偏差。因此，在沟通时要做出适当反馈，倾听者要将自己理解的内容及时反馈给对方，确认自己的理解是否正确，以使双方的思想达成一致，"你的意思是……，我的理解对吗？"；表达者要确认对方是否真的听明白了，"你明白我的意思吗？能不能谈谈你的理解？"，并根据对方的反馈及时调整沟通的内容和方式。

（胡燕）

66 如何消除猜疑？

成长的烦恼

李芸和王萌既是发小，又是闺蜜，而且两个人都在同一个班上念书。在同学们眼中，她俩亲密无间，让很多人羡慕不已。有一次，李芸发现班上几个同学在悄悄谈论"李芸父母离婚了"的话题，她假装没有听见，从同学们身边穿过，心想这个秘密肯定是王萌告诉班上同学的，于是内心非常愤懑。但是为了不破坏彼此之间的关系，李芸假装什么也没有发生，可是内心已经对王萌有了戒备之心。

猜疑对人际关系有什么影响，该如何避免彼此猜疑呢？

心海导航

猜疑常会导致朋友间的疏远、内心的不安、人际关系的紧张乃至破裂，青少年学生在人际交往的过程中应该注意以下几个方面，尽力消除猜疑心理。

1.多角度了解别人

了解别人是不猜疑别人的前提。如果交往的双方互相不了解，则很有可能会产生防备心理。因此，多方面、多角度地了解别人，把握别人的性格特征、处事方法，就会相信他。比如你通过交往了解到对方是一个正直、诚实的人，就不容易再去怀疑他了。

2.用理性思考替代冲动

当开始对别人产生怀疑时，就应该善于应用人类所特有的理性思考，寻找自己怀疑的原因，验明其合理性。特别应该注意的是，不要轻易提出为自己的怀疑服务的单方面依据，以免陷入循环论证。应该提醒自己，不要想得太多，不要把别人想得太坏，如果没有实质性的证据证明自己怀疑的正确性，就应该立刻停止怀疑。

3.培养自信心

你相信事情是什么样子，事情就会向你所相信的那样发展下去。相信自己的能力，相信自己能够在人际交往中取得成功，你也就不会在乎别人是否会否定自己了。

4.用自我安慰来代替怀疑

其实，一个人在生活中，总会遇到别人的议论或流言，这没有什么好大惊小怪的，更没有必要去怀疑一切。一旦你怀疑别人都在说自己的坏话，就应该学会自我安慰。

暗示自己不必为别人的闲言碎语所纠结，不要在意别人的议论。用戴尔·卡耐基的话说，就是"没有人会去踢一只死狗"。别人议论你，只能意味着你很重要，你应该把它看作一种变相的恭维。爱德华八世就任英王之前，被称为威尔士亲王。他14岁时就读于朴次茅斯大学——相当于美国的海军军官学校，学校里的学生总是踢他，因此，他总是一个人哭泣。你猜，别人为什么踢他？原来，这些人仅仅是想，当他们毕业后进入皇家海军时，可以很得意地向别人炫耀：他们踢过国王。

67 如何应对"不公平"？

成长的烦恼

小菲是班上的班长，平时学习刻苦努力，尽力帮助身边的同学。可是，学期末评选全校"优秀学生干部"的时候，班主任却推荐了班上的团支书，而没有推荐小菲。小菲觉得，团支书只是善于和老师沟通，非常不公平。

你如何看待班主任的推荐？

心海导航

人们常常要求公平合理，都认为公平合理是人际关系应有的现象，每当发现周围有处事不公的情形时，心里便不高兴。应当说，要求公平并不是错误的心理，但是，如果因为不能获得公平，就产生一种消极的情绪，就应当称为心理问题了。

1.不必事事苛求公平

其实，世界上根本就没有绝对的公平，这个世界不是根据公平的原则而创造的。譬如，豹吃狼、狼吃獾、獾吃鼠、鼠又吃其他小动物……只要看看大自然就可以明白，这些威胁，对于弱者来说永远是不公平的。飓风、海啸、地震等等自然灾害对所有生命来讲都是不公平的。人类社会里，贫穷、战争、疾病、犯罪等等不公平的现象此起彼伏。从某种意义来讲，公平也许只存在于神话中。因此，不必事事都拿着一把公平的尺子去衡量，否则就是自己和自己过不去。

2.设法通过自己的奋发努力来求得公平

比如，有些人认为只要工作踏实肯干、业务能力强就应得到领导的青睐，而把主动与领导搞好关系的行为错误地当成了溜须拍马。其实，领导也是人，是人，就需要得到别人的尊重与肯定，所以，有些看似不公平的事正是自己不成熟的观念与言行造成的。

3.改变衡量公平的标准

不公平是一种进行比较后的主观感觉，因而只要我们改变一下这种比较的标准，也就能够在心理上消除不公平感。比如，这次没评上"优秀学生干部"，觉得很"不公平"。但是如果换一个角度想想，就会发现其他同学也许比你更出色，许多和你一样甚至强于你的人也没评上，也许这样一想，你就能心平气和。

68 怎样与看不惯的人相处？

成长的烦恼

小钟自幼聪明好学，对自己要求严格，做事情很细心。但她很少跟小朋友来往，很少请小朋友到家里来玩。父母问她，她便说："有什么好带的，班上的同学素质太差了，我不想和他们交往。"在她的眼里，班上大多数同学都令她看不惯，有的不好好学习，不求上进；有的斤斤计较，小里小气；有的人咋咋呼呼，举止轻浮；有的则闷不作声，半天说不出一句话；有的专门讨好老师；有的则自恃人高马大，欺负弱小……总之，她谁也看不惯，所以干脆懒得与他们相处。

对于看不惯或合不来的人，你会如何与之相处？

心海导航

看不惯别人或与他人合不来，这种现象在青少年学生中屡见不鲜。然而，生活中你常会发现，同学之间"看不惯"与"合不来"，既不是因为思想观点上有分歧，也不是由于他们道德品质方面的毛病，只是因为性格上的差异。

那么，怎样和不同性格的人相处呢？

1.承认差别

人与人之间，不仅有体貌上的生理差别，而且有兴趣、能力、气质、性格等心理上的差异。性格是心理差异的核心特征，人与人的不同，首先表现在性格上的不同，世界上找不到性格完全相同的两个人，这是客观现实。必须承认这一点，承认人与人的性格差异，就不会强求别人处处和自己一样，就可能消除由于性格差别所产生的"看不惯""合不来"，就会缓解矛盾，就会在不同性格的人之间，减少一些反感和厌烦情绪。

2.求大同存小异

性格不同的人，处理问题的方式方法往往不同，因此，要和不同性格的人相处，就要善于在不同之中发现共同之处。

金无足赤，人无完人，每个人身上既有优点，也不可避免地存在缺点。比如你是个性平和、处事慎重的人，你给某人提意见，可能语气委婉圆滑，丝毫没有强烈、尖刻的味儿。而你身旁有一个性格刚直而暴躁的同学，他给这个人提意见，可能语气尖锐、单刀直入，同时还可能批评你给别人提意见转弯抹角，怕得罪人。这时候，如果只看到那个直率的同学提出批评的态度和方式跟你不一样，觉得他太粗暴，不讲情面，你就会与他格格不入，合不来。反之，如果你除了看到你们两个提意见的方式不同以外，还看到他和你一样，也是出于一片好心，目的都是真心帮助同学，你就不会认为他粗鲁无情，而是觉得他有难得的直率性情和热心肠，也就不会计较他对你的批评了。我们多看看别人和自己之间的共同点，就容易和不同性格的人相处了。

3.多去了解别人

心理学研究表明，一个人的性格是在环境、教育、实践等条件影响下形成的。人的性格之所以不同，正是由于人们所处的环境、所受的教育和所经历的实践不同而造成的。那么，当你与一个性格不同的人打交道时，或者与一个性格很特殊的人相处时，你应该了解一下他的性格形成的原因。假如你是一个性格开朗、活泼乐观的人，遇到一位沉默、呆板、孤僻的人，应该多和他交谈，或者侧面调查一下，你可能会了解到他经受了许多坎坷和磨难，甚至曾经受过严重的精神打击，或许你就会更多地理解他、体谅他、同情他，从而乐意帮助他，而他可能会十分感激你，愿意与你交往，并与你成为朋友。

69 拒绝别人有何技巧?

成长的烦恼

乐乐和小雷既是邻居,又是同班同学,关系非常要好。最近,小雷总是隔三岔五偷偷去网吧玩游戏,并多次邀请乐乐一起玩。乐乐并不喜欢网络游戏,作业没写完心里也不踏实,而且爸妈知道后肯定会批评自己。乐乐拒绝过,但是没说半句,就被小雷生拉硬扯去了网吧。同时,乐乐还担心如果每次都拒绝小雷,会影响两个人之间的友谊,这让乐乐觉得左右为难。

如果你是乐乐,你会怎么办?怎样拒绝他人可以有理有力又不伤害感情呢?

心海导航

在需要拒绝的时候,我们可以根据不同的情况选择如下方法来巧妙、有效地拒绝。

1.温和坚定,直接拒绝

当你仔细倾听了对方的要求,并认为自己应该拒绝的时候,可以尝试直接拒绝,而说"不"的态度必须是温和而坚定的。直接拒绝法可以很清晰地表明自己的态度,直截了当，别人也就不会对你的想法模棱两可，也不会再继续纠缠这个问题。但是直接拒绝别人的时候要注意自己的语气，不能用高高在上的态度拒绝别人，应该用温和且带有歉意的语气把拒绝别人的理由讲明白，这样更容易让人接受。可以采用"表明立场+说明原因"的句型，比如"不好意思，我不想做……，因为……"。

2.推脱拖延，婉转拒绝

拒绝对方的请求前，可以先说明一些不利的因素，让对方清楚这件事情实施起来的难度，比如用时间来拖延，或者告知对方自己能力有限。即使到最后这件事没成，对方也不会过多地责怪你。比如，有同学想叫你帮他抄写一部分作业，你可以说："我现在还有很多作业没有完成，而且一会儿还要去参加篮球比赛，等我忙完了如果有时间的话我会尽量帮你的。"如果你这样说，别人就会尽量自己去完成这件事情，而不会过多地期望你去完成。

3.避实就虚，转移话题

如果对方的问题或者请求很难拒绝时，可以适时转移话题，或者答非所问，但是转移话题时不能太突兀，否则别人还是会回到那个问题上。可以从对方的问题上找到与之有关联的事情进行回答，这样会让人"忘记"自己的问题，或者让话题无法再回到原来的问题上。比如，有一天你去参加等级考试，考完后你同学问你能否考过，如果当时你觉得说"可以"，怕到时候没通过被人笑话，说"不可以"又有种贬低自己的感觉时，可以对他说："到成绩出来时不就知道了吗？"这样既回避了别人的问题，也显得无懈可击。

4.幽默回应，诱导放弃

对于不便直接拒绝而又不想回答的问题，可以尝试使用幽默的语言，诱导对方自动放弃。比如你知道了一个很重要的秘密，但是你要为这件事情保密，这时候你的一位八卦好友死缠烂打想要知道这个重大秘密，你可以小声问他："你可以保守秘密吗？"他肯定会说："当然可以。"这时候你笑着说："我也能保守秘密。"

70 如何巧妙地批评对方？

成长的烦恼

语文课堂上，老师给同学们欣赏了一篇范文，讲述的是加尔各答的旅行见闻。这时有学生问："老师，加尔各答在哪里？"老师随口答了一句："印度的首都呀。"刚说完，就有几位同学面面相觑，还有人偷偷笑了起来。这时江平大声喊道："老师，印度的首都是新德里哦。"老师顿时窘迫万分，马上给全班道歉。下课后，江平跟在老师后面说："老师，对不起，我不应该在课堂上大声指出您的错误，让您丢面子了。"听到这话，老师很感动，微笑着说："你做得对。既然是错误就应该及时指正，不然我在其他班可能还会犯同样的错误。我还要谢谢你给老师一个改错的机会呢！"江平释然地笑了。

需要批评指正别人时，你有什么好方法呢？

心海导航

当我们身边的同学、朋友或者老师、父母做出错误的言行而不自知时，我们希望能够指出来帮助他们改进，又或者当他人以我们不喜欢的方式对待我们，我们希望他们能够理解我们的需求时，都难免会用到批评。从心理学上讲，当被批评时，人们会感觉到自我价值受到否定，因此，每个人都不希望得到他人的负面评价。那么，如何在批评时既能达到批评者的目的，又不伤害对方的自尊心，而且让对方愿意虚心接受、积极改正呢？这需要懂得批评的艺术。

1.批评时应注意场合与环境，最好在单独相处时提出

每个人都有自尊心，如果我们在大庭广众之下批评他人，即便批评的内容是对的，也会让对方很难堪，而且对方会为保尊严而拒不承认自己的错误，思维角度由考虑批评内容的对错转为抵御侵犯和伺机反攻，不但使批评难以奏效，也深深地伤害了被批评的人。

2.批评前可以略微地给予赞扬或恭维

批评前的肯定有利于关系的缓和，对对方的称赞要切题、适当，赞扬那些的确值得肯定的地方，比如事情的结果并没有糟糕到一无是处，对那些做得优秀的部分，进行嘉许，对认真努力的行事态度和勇于尝试的勇气进行肯定等。

3.应对事不对人，描述行为而非发泄情绪

批评时，应具体地描述客观行为和现象，而非对对方这个人进行否定。比如，当有人问你："你觉得我今天的演讲怎么样？"不要笼统地回答说："我感觉不是很好。"最好可以这样来表述："你的演讲稿写得很好，但是在演讲的时候，你的眼睛不是看讲稿就是看天花板，缺少与听众的目光交流。"绝对要避免"太糟糕了！""表现太差劲了！"，这种回应是最伤人的。在批评中尤其要注意避免表达不满和发泄愤怒的情绪式批评，这种批评往往蕴含着埋怨、指责甚至羞辱，很大程度上是自己情绪的宣泄，而非有建设意义的批评。

4.言辞委婉，态度真诚

人们不能轻易承认自己不足的根本心理障碍是对自我遭到否定的恐惧。如果我们不直接批评，而用间接的暗示，比如用"我想""假如""或许是"等字眼，则可以使人避免自我否定的恐惧，从而让对方比较顺利地接受批评。

在提出批评时，为了能让对方易于接受，语气应尽量委婉。尤其是当你的观点与对方观点差异太大时，在说之前，可以表现出一点犹豫不决，让对方有心理准备。"我有些看法不一定对，说出来请你不要见怪（或不要生气）""有些话我也不知道该不该说……""这件事（在这种时候）如果我是你的话，我会……"。

5.提供答案

批评不是最终目的，让对方认识到自己的错误才是关键，所以要让对方意识到你批评的目的是助其成长，要尽可能帮助对方分析其造成错误的原因，提供解决问题的建议和方案，这种建设性批评会让对方感觉到你诚恳为他着想的初衷，从而发自内心地愿意接受批评。

71 如何把握与异性交往的度？

成长的烦恼

　　小菲是公认的"班花"，不但长相出众，学习成绩也非常优秀，还是文艺委员，可以说是才貌双全。小学阶段，小菲有很多玩得要好的男同学，可是到了初中，不时会有男生向她告白爱慕之情。小菲深知，初中阶段谈恋爱太早了一些，很容易影响自己的学业以及与其他同学的交往。每次收到表白的时候，她都手足无措，不知道怎样应对。无奈之下，她只好与所有的男生都保持距离，显得孤傲清高，冷若冰霜。这样一来，男生们慢慢都不爱和她交往了，甚至在背后给她取了个"冰美人"的绰号。小菲内心有苦难言。

　　如果你是小菲，你会怎么做？如何把握青春期与异性交往的度呢？

心海导航

　　异性交往作为人际交往的一种特殊形式，对个体的身心健康与发展具有重要的意义，学会恰当地与异性相处是青少年成长中的必修课。青少年处在生理和心理迅速发展、变化和成熟的阶段，在和异性相处过程中，内心不时掀起一股愿意和异性亲近的冲动。这是一种健康的、正常的生理和心理现象。

在人际关系中，异性交往会产生一种特殊的吸引力和激发力，并能从中体验到难以言传的感情追求，会对人的活动和学习起积极影响。简言之，一个人在做自己擅长的事情时，如果异性在场，便会干得更卖力、更好，所谓"男女搭配，干活不累"，这就是"异性效应"。

异性效应对青少年的学习和生活有积极意义，表现在：（1）人格完善：男女同学相互交往、取长补短，有利于丰富和完善个性；（2）效率提高：在活动中男女同学心理交融，有利于提高学习与活动效率；（3）奋发向上：青春期男女都希望以自己的某些特长吸引异性，这种相互激励能促进异性奋发向上。因此，正确看待并利用好异性效应有利于初中生健康成长，反之，则可能引发一系列交往问题。

青春期异性交往应坚持以下几条原则：

1.自然原则

所谓身正不怕影子斜，只要你心无杂念，光明磊落，就完全可以像对待同性那样与异性同学坦诚相待，该怎么做就怎么做，需要握手就握手，需要并肩就并肩，不必太计较别人的误解和非议。与异性交往过程中，言语、表情、举止、情感流露以及所思所想要做到自然顺畅，既不盲目冲动，也不矫揉造作。

消除异性交往中的不自然感是建立正常异性关系的前提。自然原则的最好体现是，像对待同性同学那样对待异性同学，像建立同性关系那样建立异性关系，像与同性进行交往那样与异性进行交往。同学关系不要因为异性的加入和存在而变得不舒服或不自然。

2.适度原则

把握交往的尺度，注意自尊自爱。要注意保持一定的人际距离，不宜与某一异性同学频频接触，既不与异性过早地萌发情爱，又不因回避或拒绝异性而造成交往双方的心灵伤害；既不过多地参与异性之间的"单独活动"，也不在异性面前如临大敌，拒不接纳异性的热情与帮助。当然要做到为大多数人所接受是不容易的，这里面还要有一个自然、适度的异性关系能否为周围大多数人（包括教师、家长）所承认和接纳的问题。

3.集体交往原则

注意交往方式，青少年男女以集体交往为宜。异性同学之间的交往，以集体活动为主，如果因学习工作需要单独交往，必须注意选择好时间和地点，不宜在晚上或幽静处单独相处。言语要文雅大方，举止要端庄稳重，以免对方想入非非，也避免引起别人误会，招致不必要的议论。

4.自制力原则

相处中的女同学要自尊、自重，男同学要有自制力。人际交往的两性道德原则还是必要的。女生在与异性相处时，一定要保持自尊、自爱的美德，既要有女性的荣誉感，又要善于自我保护。作为男性则应更加谨慎，善于克制，这样就不会发生什么意外情况了。

72 如何与异性朋友愉快相处?

成长的烦恼

小薇和小武是同桌,他们经常在一起讨论学习,一起参加体育活动。下课回家时,有时小武和小薇会开玩笑地互搭肩膀。慢慢地,班上传出他们秘密交往的消息,小武和小薇感觉不太好,就不再在一起了,互相不再搭理,有时想问对方一个学习问题又怕同学议论,不知道该怎么办?两人很是苦恼。

对于他们的苦恼,你怎么看?如何与异性朋友愉快相处呢?

心海导航

异性交往是人类社会生活中不可缺少的重要组成部分,异性交往在个体成长历程中是必不可少的。正常的异性交往不仅有利于增进对异性的了解,丰富自身情感体验,扩大社会交往的范围,实现性格差异的互补,从而使集体更加团结,个人的优势得到展示,还可以消除两性之间的神秘感,培养健康的性心理。

男女生交往的益处主要有以下这些方面。

1.个性互补

由于男女生之间的生理优势不同，只在同性范围交往，我们的心理发展往往会狭隘，既与同性交往又与异性交往，更能丰富我们的个性，个性渗透，个性互补，优势共进，让人性格更加豁达开朗、情感更加丰富多彩，正所谓百花齐放，满园春色，精彩纷呈。

2.智慧整合

男女生智力是有差异的，男女生经常在一起互相学习讨论，向对方学习，取长补短，达到优势并存，实现思维碰撞、智慧整合，不仅能提高个人的智力水平和学习效率，还能提高团队学习、工作的整体水平，提升完成任务的效能。

3.情感交流

人与人之间的交流，最重要的就是情感交流，在异性交往中可以获得同性中不同的情感，因为男女的情感是不同的，女生具有同情心，感情更加细腻、更加丰富，能使人更加宁静、温暖。男生感情更加大度、宽容、理性，女生遇到不开心的事，往往在和男生的交流中得到释放，重拾力量。

4.成长发展

按照人类发展规律，成年了，到了一定年龄，我们要成家，要组织家庭。现在健康的男女生交往，可以更好地了解异性，消除对异性的神秘感和害羞感，有助于培养健康的青春期性心理，为以后组建家庭、人类发展做准备。

男女生交往中，也需要注意以下一些方面的问题：

1.不必过分拘谨

在与异性的交往中，要注意消除异性间交往的不自然感，不应过分严肃，太严肃会使人对你望而生畏，敬而远之。在正常交往中，不应有任何矫揉造作和忸怩作态，那样反而会贻笑大方，使人生厌。异性间自然交往的步履常能描绘出纯洁友谊的轨迹，这已为无数的生活实践所证明。

2.不应过分随便

异性间交往过分拘谨固然令人生厌，但也不可过分随便，诸如嬉笑打闹，你推我拉之类的举止应力求避免。须知异性毕竟有别，有些话题只能在同性之间交谈，有些玩笑不宜在异性面前乱开。此外，异性交往时要注意自尊自爱，言谈举止要做到庄重文雅，切不可勾肩搭背，搔首弄姿，卖弄风情。因为过分的亲昵，不仅会使你显得轻佻，引起对方反感，而且还容易造成不必要的误会。

3.不宜过分冷淡

异性同学交往时，理智行事，善于把握自己的感情固然是必要的，但不应过分冷淡。因为这样会伤害对方的自尊心，也会使人觉得你高傲自大、孤芳自赏，不可接近。

4.不可过分卖弄

在与异性同学的交往中，如果想卖弄自己见识多广而口若悬河，丝毫不给别人讲话的机会，或者在争辩中有理不让人，无理也要辩三分，则会使人反感。当然，也不要总是缄口不语，或只"嗯""啊"应付，如果这样，尽管你面带笑容，也会让人觉得你城府太深，令人扫兴。当有人向你表示爱意时，当你对异性萌生爱意时，可采取如下方法摆脱早恋困惑：（1）转移法，把精力转移到学习上去，用探求知识的乐趣来取代不成熟的感情；（2）冷处理法，逐步疏远彼此的关系，以冷却灼热的恋情；（3）搁置法，中止恋情，使双方的心扉不再向对方开启，而保持着纯洁的、珍贵的友谊。人生每个阶段有每个阶段的使命，我们千万不可以在春天就去挥霍夏天，莫让情感的航船过早靠岸。

青少年学生由于经验还不丰富，对异性交往完全"跟着感觉走"，一旦处理不当，就很容易陷入困惑，影响身心健康成长。因此，在与异性交往中可以记住以下要点：

【男生】	【女生】
要明白男女是存在差异的； 要懂得尊重女同学； 要主动帮助女同学； 要有保护女同学的意识； 要自觉抵制黄色诱惑	要举止大方，行为得体； 要识别并抵制异性的挑逗； 要拒绝金钱和物质的诱惑； 要学会一些自我保护的方法； 要远离不适宜去的娱乐场所

73 如何与父母有效沟通？

成长的烦恼

肖密上了高二，期中考试成绩突然下滑，父母认为他没有好好学习，一直责备他，肖密感觉很痛苦，情绪比较低落，不知道如何排解自己的不良情绪，上课常常开小差，注意力不集中，在家常常顶撞家长，觉得父母不理解他，跟父母的关系越来越差。

如果你是肖密，你会如何与父母沟通？

心海导航

所谓沟通，是让彼此明白对方的心意及表达自己想法的一种方法。不同方式的表达会令人产生不同的看法。要和父母良好沟通，先要对他们有所了解，这样可以知道父母的生活细节以增加话题，同时可以增加父母和子女间的沟通默契。下述方法可以在实践中尝试。

1.留心观察

观察父母日常的生活习惯以及作息时间，注意他们平日的身体状况与健康情况。

2.多打招呼

早上要向父母说声"早安";外出要说"再见",交代预计要回家的时间;多利用语言表达你的关心,也可以用小字条表达心意;做错事时要坦诚认错。

3.主动交流

每天找一点时间,比如饭前或饭后,和爸爸妈妈主动谈谈自己的学校、老师和朋友,主动向父母介绍自己在学校的情况,倾诉高兴的事或不高兴的事,与家长一起分享。

4.创造机会

每周至少跟父母一起做一件事,比如做饭、打球、逛街、看电视,边做事情边交流。

5.经常做事

安排固定的时间协助父母做家务,尽力做好自己的事,努力读书学习,对工作负责、投入,在节日或父母的生日时表达心意,如送礼物给父母或一同外出游玩。

6.认真倾听

被父母批评或责骂时,不要着急反驳,试着听听父母的想法、需求,了解他们的担忧及压力。

7.主动道歉

如果你做得不对,不要逃避,不要沉默不理。主动道歉,往往会得到父母的理解。

8.善于体谅

可能错不在你,你有很大的委屈,但先不要去争辩,也许父母过于劳累或工作生活中遇到麻烦。换个时间和地点，再与父母沟通，或有意想不到的效果。

9.承担责任

在做好自己事情的同时，主动分担家庭的一些责任，如洗碗、倒垃圾、擦窗、干农活等，还可以趁机和爸妈聊聊天。

10.控制情绪

与父母沟通不良时，不要随意发脾气、顶嘴，避免不小心说出或做出伤害别人的事。想动怒时，可以深呼吸，或者离开一会儿，或用凉水先洗把脸。

11.讨论协议

学会遇事多与父母讨论，并就如何进行达成协议。例如，父母会担心子女沉迷网络而荒废学业，如果能就上网的时间和学业的平衡与父母讨论并达成协议，问题和分歧便能解决了。

和父母相处的过程中，如遵循以下几个原则，将有助于彼此愉快相处。

1.接纳

经过认真分析和思考，弄清对方的意见和态度后，接纳对方正确、合理的部分，放弃自己的偏见。

2.融合

青年人可以从老年人那里学到经验，而老年人可以从青年人那里学到新观念，两者可以取长补短，融合成更完美的方案。

3.折中

对于两代人不同的思想和意见，可以来一个折中方案，双方在各做一些让步的基础上达成协议，兼顾双方的利益。

4.并存

如果自己的行为不损害对方的利益，双方意见不同也没涉及原则性问题，可以各持己见，互不干涉。

5.搁置

对于原则性问题，双方看法不一，也不要针尖对麦芒，争得面红耳赤，伤了和气。可以暂时将问题搁置，静观发展，等日后有机会再解决

74 如何经营和谐的师生关系?

成长的烦恼

英语考试时,刘飞把手机放在抽屉里被监考老师发现了。班主任王老师在班上严肃地批评了他,刘飞感到非常尴尬和委屈,认为自己只是忘记上交手机了,老师不该当着同学们的面批评自己。回到家中,他寝食难安,思考两天后,刘飞给王老师写了一封投诉信。王老师看完信后,立刻给他回了信:"刘飞,你好!你的来信让我感触颇多。非常高兴你能对我吐露内心真实的想法。我向你郑重道歉,虽然老师没有故意打击你的意思,但我未经调查就在课堂上批评你,的确伤害了你的自尊心,我以后一定会注意工作的方式方法,希望我们一直可以这样坦诚交流。祝你永远开心快乐,学习进步!"

你和老师们相处融洽吗?该如何经营和谐的师生关系呢?

心海导航

师生关系是老师和学生在共同的教育教学活动中,通过相互认知和情感交流而形成的人际关系。随着时代发展,学校越来越崇尚"民主、平等、对话"式的新型师生关系。一项关于师生关系对中学生学习影响的心理研究发现,76%的学生认为"与老师关系好就喜欢上这一老师的课"，87%的学生会由于丧失了自己感兴趣的老师的友谊与肯定而感到委屈，从而影响该门课程的学习成绩。对学生而言，老师是学习的指导者，是人生道路上的领路人，师生关系的不和谐，不仅会影响学生的学习兴趣和学习情绪，阻碍学生最大限度地获得老师的帮助和指导，也会影响学生的自信心。不良师生关系的形成既有教师的因素，也有学生的因素，从学生的角度来分析，无法认同教师的教育手段，不能与教师达成有效沟通，对教师存在误解等是导致不良师生关系的主要因素。

为了构建和谐的师生关系，我们应该怎么做呢?

1.尊敬老师

尊师重教是中华民族的传统美德，也是建立和谐师生关系的首要前提。

居里夫人发现了放射性元素镭以后，名震全球，声望极高。1913年，居里夫人回到祖国波兰，参加华沙放射学实验室的落成典礼。波兰妇女界举行盛大宴会欢迎她。宴会大厅里，居里夫人被人们围在中间，她却分开众人，穿过人群，激动地朝一个角落快步走去，热烈地拥抱、亲吻着一位衣着朴素的老年妇女，这位老人就是曾经把居里夫人引进知识大门的小学教师——西科尔斯卡。居里夫人将自己的老师介绍给大家，与会者一再鼓掌欢呼，祝贺西科尔斯卡为祖国和世界培养出一个卓越的科学家。而居里夫人尊师的美德，也在世界教育史上传为佳话。

发自内心的尊重常常体现在细节之处:见到老师主动问好，课堂上认真听课，与老师有不同见解时私下低声请教;在教师节等节日，自己动手制作一些小纪念品赠送给老师;对老师的困难和身体不适表示关切并提供力所能及的帮助，这些都能体现出我们对老师的尊重，也能积累良好的师生情感。

2.主动沟通

有些同学可能感觉自己经常被老师忽略，认为老师只偏爱某些好学生，为此很自卑，甚至怨恨老师。但若换位思考，一位老师要面对全班几十位学生，可能无法做到对每个学生体察入微。这时，就需要我们"主动出击"，向老师表达心中的想法与期待，吸引老师的注意力。

还有些同学把师生关系定位为"猫和老鼠"，遇到问题不敢向老师请教，担心老师会轻视自己或者责怪自己课堂上不够认真，嫌自己太笨。其实，如果你走近老师，就会发现为人师者诲人不倦，他们其实特别欣赏积极主动求教的学生。因此，抛除你的胆怯、自卑心理，敞开心扉，真诚勇敢地与老师交流，必定会得到你想要的收获。

3.正视批评

有些学生对老师的批评甚为反感，认为老师管教过严，令自己缺乏自由或丧失颜面，但仔细想一想，老师批评我们的目的是什么？要知道，关注每一个孩子的成长和发展是教师的责任与使命，在知识学习和思想培养的道路上，他们都无法对学生的缺点或不足视而不见。

如果老师的批评是正确的，我们无法接受，究竟是因为我们讨厌老师，还是我们本身无法直面自己的缺点，逃避责任或者懒于改变呢？

如果老师错误地批评我们了，我们可能会感到委屈、愤怒，有的同学会当场与老师针锋相对，有的同学会从此都讨厌或逃避这位老师，甚至自暴自弃。这些都不是好的选择，弘一大师在《格言别录》里讲道："人之谤我也，与其能辩，不如能容。人之侮我也，与其能防，不如能化。"我们应该用换位思考的方式理解老师批评的出发点，用正确的交流方式与老师探讨批评的途径方法。被老师误会时，我们不妨先克制自己的情绪，根据当时的环境和条件，能解释的就解释，一时不便解释的暂时缓一缓，待合适的时机再澄清。人非圣贤，孰能无过。建立良好的师生关系需要彼此的理解和宽容。

4.善提意见

孟子曰"尽信书，则不如无书"，同样，尽信师，也不如无师。如果发现了老师的失误，或与老师存在不同见解，说明你已经具备独立思考、明辨是非的能力。如何质疑"权威"，需要的不仅是勇气，还有智慧。

在美国一个海滨城市，一座摩天大楼拔地而起，这是设计师约翰先生的精心杰作。汤姆是一个在校中学生，一天，他来到约翰设计的大楼下，对主楼轻薄的构架留下了很深的印象。汤姆一回家，就从电脑里调出了该楼的资料。在惊叹之余，他突然发现，这座大楼的迎风面正好落在三角形的棱边上，强风碰上棱边，势必会改变方向而产生旋转，这时轻薄的墙体正好是受力最大的区域。他把自己的发现写了封信，寄给了约翰先生。

收到信的约翰用电脑进行了风向的模拟测试，结果发现汤姆的推测完全正确。约翰不愧是一流的设计师，在短期内，他居然找到了解决的办法。当一块重达十吨的预制构件吊上楼顶时，约翰悬着的心也随之落下。汤姆虽然只是个中学生，却敢于挑战大师，正因如此，才帮助约翰发现了大楼致命的设计问题，从而"翻开了建筑史上防风抗风划时代的一页"。

作为学生，我们应当尊重老师，但"唯师是从"未必就是尊师，向老师直抒己见、表达不同的观点未必就是不尊师。若能采用恰当的方式与老师交换意见，既有助于老师的自我反省，也能促进教学相长，在提意见时需要注意以下几个方面：

（1）注意时机，分清场合

当老师有失误时，我们最好是对当时的环境和氛围斟酌一番，对自己的想法是否绝对正确再分析一番，然后考虑是当场质疑，还是事后与老师交换意见。如果想在课堂上辩论，一定要先举手征取老师的同意之后再发言。

（2）语气平和，表达巧妙

向老师提意见时，一定注意用礼貌、商量、交换意见的口吻，态度要诚恳，言语应谦虚，不妨采用这样的方式表达："老师，对这一点我还不太明白，您能否给我们讲一下？""老师，这个问题，我还有一些与您不同的看法，您能帮我分析一下吗？"

（3）改变方式，表达心声

有些意见当面说可能比较尴尬；有些问题比较复杂，当面谈可能难以说明；

还有些同学不善于面对面提意见。这些情况下，都可以改变方式，以书信、短信、电邮或者通过同学、父母转述等形式反映自己的意见，还可以写在周记本、日记本上，请老师批阅，这样不仅可以避免尴尬，也有助于自己提意见时先对问题进行思考和整理，表达意见时多一些感受分享，少一些批评指责，有助于达成师生关系的平等、信任和理解。

75 如何成为受班集体欢迎的人？

成长的烦恼

班上的婷婷，学习成绩比较好，但她对班集体的任何事情都喜欢保持沉默。在她眼里，班集体就是上课学习的地方而已。去管别人的事会浪费自己的学习时间，她只想管好自己，认为班集体的一切都和自己无关。因此，婷婷在班上几乎没有什么朋友，她也为此很苦恼。

在你看来，如何成为受班集体欢迎的人呢？

心海导航

一个木桶装水量的多少，取决于长度最短的那一块木板。我们的班集体就像一个木桶，而我们自己，则是班级这个木桶里的一块块木板。缺了任何一块木板，这个木桶都装不了水，不能称之为木桶。

如果我们希望木桶装更多的水，有哪些好办法呢？舍弃短木板？长木板补短木板？长短木板各自提升高度？

事实上，我们不能丢掉最短的木板，因为丢掉了最短的，还有最短的。所以班集体里面任何一个人都有存在的价值和理由。如果只留下一块最长的，也成为不了木桶，装不了水！我们应该用长的补短的，同时，长和短都要提高，也就是优秀的同学帮扶落后的同学，并且大家共同提高，这样的木桶才能装更多的水！这样的班集体才能携手往前，走得更远！那么，作为班集体的一员，我们应如何为班集体添光彩呢？

具体来说有以下要点：

（1）主动帮助学习上有困难的同学，或者在学习上遇到困难时主动寻求同学或老师的帮助；

（2）努力参加学校的各种比赛，为班集体争得荣誉；

（3）积极参与各种课外活动和选拔；

（4）尽心尽力完成作业，按时按量上交作业，不抄袭；

（5）上课认真听讲，遵守班规，珍惜老师的劳动；

（6）最后一个离开教室时，主动关好门窗；

（7）认真做好值日工作；

（8）地上有纸或垃圾主动捡起来，积极维护班集体的卫生环境；

（9）热爱劳动，不怕脏怕累；不随地吐痰，不乱丢垃圾；

（10）看见不良行为，主动阻止。比如有同学破坏公物，主动站出来规劝；

（11）主动积极配合班干部的工作；

（12）升旗时不迟到不讲话，上课铃响后不讲话，自习课自觉保持安静；

（13）认真参与每一次集体活动，比如做操等；

（14）爱惜班集体荣誉，并且付出实际行动；

（15）有较强的主人翁意识，与同学和睦相处，不搞小团体。

生活适应篇

SHENGHUO SHIYINGPIAN

76 如何适应新环境?

成长的烦恼

已经开学一个月了,灵娅到现在还不适应初中生活。以前她是个活泼开朗的女生,上了初中之后整个人都变了,话越来越少,喜欢独自静坐在学校的某个角落里,面对着书本发呆,有时还会无缘无故发脾气。住在学校的每一天对她来说都是一种煎熬,她不喜欢学校食堂的饭菜,老是消化不良,不是便秘就是拉肚子;她特别想家,很少真正开心过,感觉日子过得很慢,想到上学,就想哭,只有到了星期五要回家的那天,心情才会好起来,恨不得早点回家;可是星期天想着又要回学校了,情绪又会变得低迷。

面对新环境,你有什么方法让自己快速良好地适应吗?

心海导航

当我们告别熟悉的校园和好友,满怀希望地跨进全新的校园生活时,可以从以下几个方面帮助自己尽快适应新的环境。

1.尽快熟悉校园环境

要快速地适应新环境，首先要增进对它的了解。了解它、熟悉它，然后才有可能发自内心地认可和喜欢它。熟悉新学校的方式有很多，比如细细观赏校园里的一草一木，发现它们的独特之处；走访教学楼的每个角落，了解在这里曾经发生的故事；知晓学校各个职能部门的地理位置分布，询问它们分管的主要事务，以便遇到困难时及时寻求相关部门的帮助；参观校史馆，走访学校的往届毕业生或老职工，了解学校的发展历史、办学特色、曾经获得的荣誉，以及从这所学校走出去的优秀人才；采访高年级同学，聊聊那些被同学们高度评价的好老师、学校曾经开展的有意思的活动……

2.主动参与班级活动

从四面八方走进一个新的集体，全新的环境、陌生的面孔、不熟悉的生活方式，很容易让人感到孤单无助、人情冷漠，觉得不适应。但如果你能迅速融入班集体当中，当你成功时有人祝贺你，当你失败时有人鼓励你，当你有困难时有人帮助你，这种集体的归属感和温暖感将大大缓解你对新环境的不适应。而要尽快融入新集体，你需要积极参与到班级建设当中，主动为班级事务出谋划策，添砖加瓦；积极参与班上组织的秋游、运动会、演讲比赛等各项活动，增进对同学和老师的了解；关心周围同学的疾苦，在同学需要帮助时主动伸出援助之手……

3.主动寻求外界支持

随着周围环境的变化，你不可避免地会遇到一些困难和新问题。而且由于知识的有限，阅历的不足，生活经验的欠缺，有些问题可能光依靠自己的力量难以解决。这时就需要你主动寻求他人的帮助，不要因为自尊心或担心他人知道自己的困境，而独自死撑。

当我们难过时，可以向朋友、家长、老师诉说心中的烦恼，以减轻悲伤；当我们困惑时，可以向有经验的人或者有过类似经历的人请教，以寻求理解和同情；当我们无助时，可以向同学、亲戚、家人求助，以克服困难……

77 如何学会生活自理?

成长的烦恼

　　魏永康曾被称为"神童"。他4岁基本学完初中课程,8岁进入县重点中学,13岁以602分考进湘潭大学物理系,17岁以总分第二的成绩考进中国科学院高能物理所硕博连读。但2003年7月,魏永康没拿到硕士学位就被学校劝退了。原来从小到大,除了学习,家里任何事情妈妈都不让魏永康插手,每天早晨连牙膏都是妈妈挤好,妈妈帮忙洗衣服、端饭、洗脸,甚至还喂饭……后来到了中科院,脱离了妈妈的照顾,魏永康就"抓瞎"了,他完全无法安排自己的学习和生活。他经常一个人窝在寝室里看书,却忘了还要参加考试和撰写毕业论文,最终让他失去了继续攻读博士的机会。从中科院退学后,魏永康之后的求职、求学之路都不是非常顺利。

　　想一想,作为一个独立的个体,要如何学会生活自理呢?

心海导航

　　学会生活自理,需从小事做起,一点一滴积累,形成良好的习惯。

1.养成良好的生活习惯

生活习惯代表着个人的生活方式，它不仅影响着个体的身心健康，而且也对人的未来发展有间接的作用。中学生正处于长身体、学知识的阶段，良好的生活习惯是确保身心健康、顺利完成学业的一个重要基础。从一进中学开始，我们就要重视良好生活习惯的养成。

第一，要培养健康合理的饮食习惯。比如，三餐规律，定时定量，尤其是早餐要吃好，不能不吃或随便吃些零食对付；合理搭配各种营养，食物多样化，不挑食偏食，多吃蔬菜和水果，少吃烧烤、油炸、腌制的不健康食品；多喝水，少喝饮料，不把零食当正餐；吃饭细嚼慢咽，每餐只吃七八分饱，忌暴饮暴食。

第二，合理安排作息时间，保证充足的睡眠。俗语道"一日不睡，十日不醒"，就是说一天没有休息好，用十个晚上的觉也补不回来。长期睡眠不足容易导致免疫力下降，诱发其他疾病，危害身体健康。因此，要学会有张有弛，不熬夜学习，养成早睡早起的习惯；午睡时间不宜过长，最好不要超过半小时；睡前不从事剧烈的活动，不吃得过饱，也不喝浓茶、咖啡等刺激性的饮料；如果睡不着，就干脆起来看书，直到你打瞌睡为止。若出现失眠不必过分担心，越是紧张，越想强行入睡，结果往往适得其反。有些人对失眠容易紧张不安，认为这样下去大脑得不到休息，不是短寿，也会生病。其实与失眠本身相比，对失眠的担心焦虑对你造成的危害更大。

第三，坚持体育运动锻炼。体育锻炼不仅可以"健身"，更具有"健心"的功效。学习之余参加一些体育运动，不仅仅可以增强和改善身体素质，还可以缓解学习的紧张情绪，放松心情，增加生活乐趣，反而有助于提高学习效率。因此，可以适度地从事体育运动锻炼，尤其是强度低、有节奏、持续时间较长的有氧运动，比如游泳、慢跑、快步走、骑自行车等。每次锻炼的时间不少于30分钟，每周坚持3—5次。

2.承担适度的家务劳动

要做到生活自理，需要具备基本的日常生活事务料理能力，这些能力的培养，可以从主动承担适度的家务劳动开始。适度的家务劳动，不仅不会耽误学习，还能让大脑得到积极的休息，提高自身对生活适应和自理的能力，同时可以减轻父母的负担，增强我们的自信水平。我们可以从一些身边的小事做起，慢慢地提高自己的家务劳动能力，比如洗衣、做饭、洗碗、钉纽扣、收拾房间……

事实上，很多国家都特别重视青少年的家务劳动，有的还用法律的形式加以规定。比如，德国法律明文规定，6岁以下儿童可以不从事家务劳动；6-10岁儿童要帮助父母扫地、买东西；10-14岁要参加洗碗等多项家务活动；14-16岁可从事清洗汽车、园艺劳动等；16-18岁要完成每周一次的房间大扫除。有的国家甚至对学生每天的劳动时间都有相应的规定，比如日本规定小学生每天参加劳动24分钟，法国为30分钟，英国为36分钟，美国为72分钟。

在承担家务劳动的过程中，我们需要及时总结经验和方法，积极养成主动、勤劳、坚持的习惯。

3.培养管理金钱的能力

生活自理能力的另一个重要表现是对金钱的管理上。除了交学费、买学习用品，中学生一般都没有太多理财经验。中学生可以从管理每月的零花钱开始，逐步培养自己的理财能力。

以下，是几个需要注意的要点。

（1）花钱有度：在支配自己的零花钱时要先做预算，根据自己的经济情况和实际需要，列出大致所需的金额，做到理性消费，钱尽量花在刀刃上，不透支、不攀比、不盲从。即使是好朋友，也钱财分明，有借有还。

（2）存钱有方：学会保管钱财，不随意乱放，避免丢失。除了身上留有小额所需的零花钱，将其余的钱财妥善保管，比如存入银行，或用于购买有收藏或升值意义的物品。

（3）赚钱有道：了解合理合法的赚钱方法和途径，付出劳动，获取收入，懂得赚钱的艰辛，体验赚钱的幸福。

（4）捐钱有数：在理性消费的基础上，还可以用自己的节余做一些好事，为希望工程、贫困学生、急需救助的贫困病人捐款等，帮助社会弱势群体，奉献自己的爱心。

78 如何保持美丽健康?

成长的烦恼

"我要坚持跑步、喝牛奶,我希望自己再长高一点儿,这样我以后就可以去当演员,我想要成为明星!"当306寝室的女生们在卧谈会里谈梦想时,小雪很认真地说。听完小雪的话,全寝室的女生们都兴奋了起来。小梅说:"我不渴望当明星,只要能瘦点儿就好,这样穿着校服就不会显得那么难看啦!"

605寝室的男生们也在讨论着样貌的话题。"那个高明怎么那么讨厌、那么爱出风头啊?运动会上只要他一起跳,那些围观的女生就要开始尖叫。""我要不是这一脸的青春痘,准比他帅。"

青春期的我们开始关注自己的身型,我们希望自己漂亮好看,或高大帅气,或婀娜秀丽。爱美之心人皆有之,那么,如何让自己保持美丽、健康呢?

心海导航

要想保持美丽健康,需要注意以下几个方面。

1.科学的热量平衡

简单而言，体重的变化是我们通过饮食摄取的热量和我们消耗的热量之间平衡的结果。人体消耗的热量来自基础代谢（70%）+食物热效应（10%）+活动消耗（不限，20%或以上，取决于你的日常行为）。如果我们吸收的热量与消耗的热量相同，我们的体重就不会有变化。如果吸收的热量低于消耗的热量，我们的体重就会减轻。

基础代谢率是指人体在清醒而又安静的状态下，不受肌肉活动、环境温度、食物及精神紧张等影响时的能量代谢率，单位为"千焦/平方米/小时"，表示每小时每平方米体表所散发的热量。基础代谢率对减肥有较大的影响，每天适度的运动有助于提高身体的基础代谢率，节食会降低人的基础代谢率。

基础代谢计算式：

女性：655+（9.6×体重KG）+（1.7×身高CM）－（4.7×年龄）

男性：66+（13.7×体重KG）+（5.0×身高CM）－（6.8×年龄）

当你了解自己每天的热量需要后，就知道应该摄入多少食物总热量，以及如何分配蛋白质、碳水化合物和脂肪的比例。蛋白质应为总热量的20%—30%，碳水化合物应为总热量的50%—60%，脂肪应为总热量的10%—20%；每1克蛋白质或碳水化合物的热量为4卡路里，而每1克脂肪的热量为9卡路里。建议将每天进食的总热量分为5—6餐，同时应额外进食矿物质和维生素等补充品。以体重50千克的高中生为例，每天需要摄入蛋白质100-150克，230-300克碳水化合物，20-40克脂肪。

在食物的选择上，传统的以蔬菜、水果、鱼肉、海产品、粗加工谷物、膳食纤维、适量的奶制品和瘦肉为主的平衡膳食结构能够帮助我们补充营养，又能保持正常体重。

2.运动：健身也健脑

研究显示，运动不仅有助于身体保健，还可以促进心理健康，适宜的体育运动能促进人的认知功能和个性发展，降低阿尔茨海默病（AD）和痴呆的发病风险。美国伊利诺伊州内珀维尔市的一项实践研究案例给我们带来更直观的震惊：在内珀维尔市，体育课让这个地区1.9万名学生成为全美国体质最强健的孩子。当时，二年级学生中只有3%体重超标，而全美国平均有30%的学生体重超标；当年，他们在TIMSS（由国际教育成就评价协会发起和组织的国际教育评价研究和评测活动）数学测试中获得全美第六名，在科学测试中获得全美第一名。这和实证研究是一致的，如果我们的体能越好，我们大脑的适应力就越强，而且它在认知和心理方面的能力也更好。

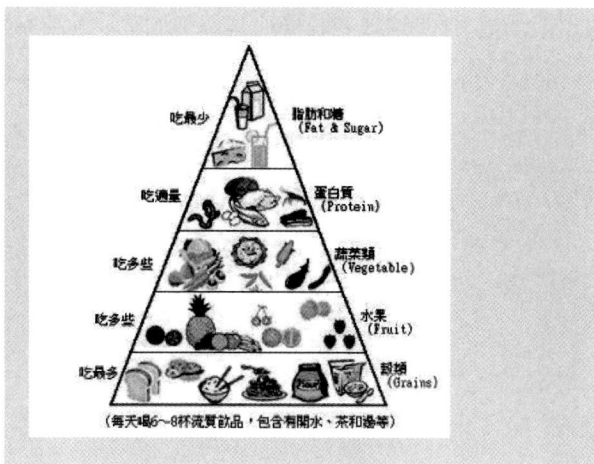

从理论上来讲，少量运动就会有好处，而运动越多效果更佳。有研究者建议，最大运动量应是每周6天进行45分钟至1小时某种形式的有氧运动。其中有4天应该进行1小时左右的中等强度运动，而另外两天应进行45分钟左右高强度运动，并且不应该连续进行。因为过高强度运动后，你的身体和大脑需要一段恢复期。如果你不是那么爱运动，可以从行走开始，特别是从与其他人一起锻炼开始，这样会更容易一些，并且带给我们神经系统的益处也会更多。

3.预防进食障碍

科学平衡的饮食才有益于健康。2015年，美国神经科学家桑德拉·阿莫特（Sandra Aamodt）写了一本叫《为什么节食让你变胖》的书。阿莫特说："长期节食者更容易因为情绪而吃。当节食者长期忽略他们的饥饿感，终于耗尽他们的意志力时，他们会吃得过多，导致体重增加。"阿莫特建议，与食物和平相处，让你的饥饿决定你什么时候要吃，然后找到让身体感到舒服的适度的量，维持它。当你因为情绪和压力问题导致暴饮暴食或者神经性呕吐时，建议及时去寻找心理医生的帮助，纠正"越瘦越美"的不良认知，学会采用正确的方式表达情绪和管理情绪。

79 如何培养勤奋的习惯?

成长的烦恼

爸爸妈妈以及老师都说过,"王明脑袋聪明,就是有点'懒'"。学习方面,王明理解能力特好,但总是不愿意预习、复习、记笔记,以至于每次考试都有"大意失分"的情况。生活方面,王明擅长语言表达,总能给人热情健谈的好印象,可常常是说得多做得少,了解他的人常常笑话他是"想法上的巨人,行动上的矮子"。

你有什么方法培养勤奋的习惯吗?

心海导航

爱迪生说:"天才就是百分之一的灵感加上百分之九十九的勤奋。"成功的秘诀只要三个字:勤、智、趣。这里的"勤"就是勤奋。千万成就来自千辛万苦,杰出表现总是伴随着背后无穷无尽的努力。没有人能随随便便成功,成功的道路上挤满了勤奋的人。那么,如何养成勤奋的习惯呢?对学生来说,勤奋不仅包括学习时的态度,也包括学习专业知识时注重的深度和广度,还包括广泛涉猎教科书以外的知识。一个勤奋的孩子能够自觉地去学习他想要的知识。

1.严格要求

增强自己的执行力，今日事，今日毕，言必行，行必果，同时，锻炼意志。一个人如果没有与困难做斗争的顽强精神，没有坚强的意志，就必然会为惰性找到借口。要经常检查自己，督促自己，养成不畏艰险，不向困难低头的坚韧性格，要求以彻底的自觉性严格要求自己。只有那些真正懂得人生的价值和意义，把生活看作一种责任、一种使命、一种创造的人，才能真正自觉地鞭挞自我，克服惰性。

2.小步精进

要有步骤地学习，这一过程要注意几个问题：一是注意立足于目前已有的基础；二是要注意及时行动，勤奋学习要抓住有学习欲望的时候；三是要注意适量，不能越过自己所能承受的范围；四是持之以恒，温柔相待，勤奋学习要怀有一颗平常心，不要急于求成，否则效果会适得其反。

3.对学习的要求要根据自己的表现而提升

我们总是比较容易满足于当前的成绩，在取得成绩后容易不思进取。这时候，应该及时提出高一点的要求，让自己永远有前进的方向和目标。

4.通过劳动促使勤奋

勤奋不仅表现在学习上，更表现在工作和劳动上，走上社会后，勤奋就直接表现在工作中。因此，要从小通过劳动来培养勤奋工作的好习惯。比如：认真完成值日生任务，积极参加劳动光荣知识竞赛等。

5.用立志激励勤奋

俗话说：有志者事竟成。树立了远大的志向，就能够用这个志向去激励自己勤奋，从而实现自己的理想。李嘉诚从小就树立了做船长的理想，并向这个目标不断努力。虽然最终没做成船长，但他一直以船长的意识经营自己的公司和人生。

80 如何坚持运动锻炼?

成长的烦恼

俗话说"生命在于运动",这个道理李明也知道,可自己对运动锻炼就是提不起兴趣。尽管体重已严重超标,身子也明显不够灵活,但他始终认为这是自幼体弱多病导致的身体素质不理想,经不起运动的消耗,需要多静坐休养。然而经常性的身体不适又让他非常担忧,生怕自己运动不足哪天会得什么大病,于是好几次为自己制订了锻炼计划,可是每次没过几天,就又中断或者放弃了。

猜一猜,李明的问题出在哪儿? 我们要如何培养和坚持运动的习惯?

心海导航

坚持运动锻炼,不仅有助于我们保持身体健康,而且可以促进我们的心理健康,提高社会适应能力。

人体运动时会产生一系列的生理变化,从而实现运动的健身作用。运动能促进人体内脏器官,特别是心、肺构造的改善和机能的提高;运动能增强人的免疫力,提高人体的适应能力;运动能改善和提高人的中枢神经系统的功能。此外,青春期的孩子正处于身体发育的关键期,对自己的外表形象比较在意,而运动能促进身体科学合理地生长发育，让身高、体重、体型都朝健美的方向发展。

经常参加体育运动，能使人精神愉快、心情舒畅、充满活力，可以化解很多不良情绪甚至克服心理障碍，改善和促进人际关系。此外，坚持运动还可以培养吃苦耐劳、坚韧不拔、团结协作的积极品质，为将来的学业和事业奠定良好的个性基础。

青少年培养和坚持运动锻炼的习惯，应注意以下几个原则。

1.了解自己，立足现实

开始运动之前，应该对自己的体质和健康状态有相对准确的了解，以便根据实际情况选择运动项目和锻炼强度。开展体育活动，最忌讳的是脱离实际的心血来潮，完全凭兴致和激情锻炼身体。超出体能的运动不但无益反而有害，有些情况往往当时就会伤筋动骨。经常性的不规律运动犹如劳累过度，终究会带来体质的伤害甚至疾病，这就违背了健身的初衷。

2.明确目标，积极进取

锻炼身体应该有一个目标，虽不必像专业运动员那样精细，但还是要具体可行。在了解自己的体能、技能、健康水平的前提下，从实际出发，确立具体而适宜的目标。有了目标，以后在行动上就有方向，朝着这个方向，一步一步地往前走，最后就会达到健身效果。

需要注意的是，目标既可以从健身效果的角度来制定，也可以从具体行动的角度来制定。比如，让体重下降5千克，这就是效果上的目标；每天步行5公里，这就是行动上的目标。确立目标最好是效果和行动两者结合，目标一旦制定就不能轻易更改，否则前功尽弃。反复放弃目标，不但收不到良好的健身效果，还会消磨毅力和意志，所以在实现目标的过程中要积极进取。

3.运动有度，循序渐进

锻炼身体要遵守循序渐进的原则，运动的时间和强度应该适可而止，以时间上不影响学业、强度上不影响健康为原则，要防止和克服蛮干或急躁情绪。运动负荷过小，不可能促进机体发生变化，达不到锻炼身体的目的。运动负荷过大，超出了机体所能承受的范围，就会引起不良反应，出现血压降低、脉搏急促而微弱、面色苍白、出冷汗、头晕、恶心、睡眠不好、食欲不振、长期不能消除疲劳等症状。怎样才能使运动负荷比较合适呢？一般来说，每次体育锻炼以后感到有些累，但没有上述不良反应，通过休息恢复较快，这样的运动负荷基本是合适的、利于坚持的。

81 如何应对失眠?

成长的烦恼

小李进入高中，第一次开始住校生活。和自己家里单独的卧室比起来，小李顿感失落，狭窄的空间，小小的床铺……到处都觉得不适应。加上宿舍里每个同学的作息规律和生活习惯都不同，有的很晚睡，有的很早起，有的放着音乐入睡……小李住在寝室的第一个晚上就失眠了，而且接下来，每天晚上都入睡困难，睡前总担心自己会再次失眠。

失眠究竟是由什么原因引起的呢? 该如何应对失眠?

心海导航

失眠，临床上通常指尽管有充分的睡眠条件和环境却存在对睡眠时间和质量不满足，并影响到白天社会功能的一种主观体验。一般来说，失眠有以下症状: 入睡困难; 不能熟睡，睡眠时间减少; 早醒、醒后无法再入睡; 频频从噩梦中惊醒，自感整夜都在做噩梦; 睡过之后精力没有恢复; 发病时间可长可短，短者数天可好转，长者持续数日难以恢复; 容易被惊醒，有的对声音敏感，有的对灯光敏感; 很多失眠的人喜欢胡思乱想; 长时间的失眠会导致神经衰弱和抑郁症，而神经衰弱患者的病症又会加重失眠。

导致失眠的原因通常包括以下几类。

1.环境原因

常见的有睡眠环境的突然改变，如卧室内强光、噪音、过冷或过热都可能使人失眠。有的人对环境的适应性强，有的人则非常敏感、适应性差，环境一改变就睡不好。

2.躯体原因

广义地说，任何躯体的不适均可导致失眠。失眠的身体疾病有心脏病、肾病、哮喘、溃疡病、关节炎、骨关节病、肠胃病、高血压、睡眠呼吸暂停综合征、甲状腺功能亢进、夜间肌阵挛综合征、脑疾病等。

3.生活习惯因素

不良的生活习惯，如睡前饮茶、饮咖啡、吸烟等。

4.精神因素

包括由某些特别事件引起的兴奋、忧虑、愤怒等情绪不稳所导致，或者学习工作压力巨大，导致夜间思虑过多、情绪烦躁不安而无法入睡等。常见的情绪变化原因为工作与学习的压力、未遂的意愿及社会环境的变化等。

5.对失眠的恐惧引起的失眠

有的人对睡眠期望过高，或者对睡眠环境要求过于苛刻导致睡眠压力增加，容易引起失眠。过分担心失眠所带来的危害远远大于失眠本身所产生的影响。

应对失眠可以从以下几个方面努力：

1.病因治疗

积极治疗引起失眠的原发疾病，尤其是抑郁症、焦虑症等心理障碍。

2.对睡眠有一个合理的认识

（1）根据自身情况了解自己的睡眠需要，不是每个人都需要每天8小时的睡眠时间；

（2）纠正对睡眠不切实际的期望，对生活中偶尔的失眠经历，不必过分恐惧，相信身体有其自身的弹性与规律，能够自然调节与适应，身体极度缺乏睡眠时，会自然寻求补给。

（3）降低对失眠的过分恐惧，切实解决生活中的压力困境。如果心理压力过大，建议求助心理咨询老师，一起商讨焦虑和恐惧的想法。

3.养成良好的作息规律

（1）生活起居规律化：尽量不要熬夜，晚上11点-凌晨3点是肝胆的最佳排毒时间，要养成一个良好的规律睡眠习惯；

（2）睡前饮食有度：不过饱过饥，不要喝咖啡、喝浓茶、吸烟等，可以喝些牛奶、淡淡的绿茶，用热水泡脚促进血液循环；

（3）使睡床单纯化：养成睡床只供睡眠用的习惯；不在床上看书，不在床上打电话，不在床上看电视。因为在床上进行其他活动时，常常破坏了自己定时睡眠的习惯；

（4）睡前放松心情：不把事情和压力带入睡眠，睡前可以把手叠放在小腹上，采用腹式呼吸，把注意力转移到小腹，可以配合默念数数，或者想象一些愉快的场景、事件，令自己放松。临睡前听听轻音乐，有助于睡眠。

82 怎样做到勤俭节约？

成长的烦恼

罗威是一名小学四年级的学生，家里的条件挺不错的，零花钱也不少，平时要是有什么喜欢的，都会自己去买来。很多东西都没怎么用，就不想要了，家里堆了许多罗威不再喜欢的东西。买起零食也是一买一大堆，自己吃不完，很多都浪费了。爸爸妈妈希望罗威在生活上能节约一些，可是罗威却不以为然。

同学们，如果你是罗威的好朋友，你对他的行为有什么看法呢？

心海导航

勤俭节约是中华民族的传统美德，我们总是听家里的长辈提起以前的生活多么艰苦，大家多么勤劳节俭。现在，我们生活条件好了很多，家家都比以前富裕，不仅不愁吃穿，生活娱乐更是多姿多彩，那我们还需要勤俭节约吗？

答案显然是肯定的。

虽然我们的国家富裕了，人民的生活水平大大提高，但是我们国家有十多亿人口，平均到每个人身上，可以利用的资源就不多，甚至是紧缺了。况且，还有很多贫困地区的人们生活艰苦。从整个世界范围来看，全人类都面临着资源短缺、环境恶化的难题，这些都限制了国家经济的发展，正因为这样，世界人民都一致认为，应该建设资源节约型社会，减少浪费，发展低碳循环经济。

对于我们小学生来说，践行勤俭节约是为国家、为世界做贡献。同时，我们养成勤俭节约的好习惯，形成节制有度的生活风格，是可以让我们受益一生的，是我们健康成长的重要保障。我们可以不为外物迷乱双眼，坚持自己，不去盲目攀比，不虚荣，不浪费，把主要的精力和时间用在学习上。

怎样才算勤俭节约呢？

如在平时生活中，吃穿适度，不浪费，不乱花钱，对旧物废物进行再利用，都是

还有现在大力倡导的低碳生活，比方节水、节电、节约能源，少用或不用一次性产品，少用私家车，使用节能电器等等。

下面哪些事情，是你已经做到的？请在符合你情况的选项前打钩。

（　）循环用水，例如洗脸水冲厕所。

（　）多开窗户，少开空调。

（　）多用手帕，少用餐巾纸。

（　）吃饭吃多少盛多少，尽量"光盘"。

（　）少用洗洁精类洗涤剂，减少环境污染。

（　）每次刷牙时，洗脸台上不掉多余的牙膏。

（　）出门尽量乘坐公共交通工具，少打的士，少开私家车，节约能源。

（　）爱惜书本文具、衣物等，旧衣物打包捐赠。

（　）不乱花钱，有储蓄习惯。

83 怎样做到合理消费？

成长的烦恼

由于父母在外打工，小雷刚来学校时，父母一次性给足了小雷一个学期的生活费。可是，不知不觉，小雷头一个月就快花光了半个学期的钱，主要用于请同学吃饭、买高档手机。尽管小雷现在想起来后悔，可是自己也不知道为什么就冲动消费了，有时甚至不清楚哪些东西是自己真正需要的，哪些是可以不需要的。

青少年学生应该如何培养合理的消费观，做到理性消费呢？

心海导航

青少年学生是一个庞大的消费群体，他们虽然没有工资收入，但是在有些商品的消费中占有相当比例的市场份额。大多数学生在消费上倾向于求知，追求科学、文明、自然与适度，这是积极健康的消费心态，但是在消费问题上，部分学生中也存在盲目消费和攀比消费的情况，虽然不能用对错来评价，更不能用传统的方式抑制消费，但还是要具有合理的消费观。

1.发展个性消费

由于个性不同，不同人在消费行为上表现出个性差异，我们要遵循个性心理发展的特点和具体情况，尊重个人的选择，在购买力允许的情况下，应支持其个性消费。比如身体发育需要的营养饮食，培育智力需要的有益书刊，符合学生身份的衣物等。

2.排除任性消费

任性消费表现在不管有无好处、有无必要、是否适合自己，而一味地追时髦、赶潮流。只要人家说声"现在就兴这个"或"这东西国际正流行"，就非要人有我有不可，这是一种从众心理，青少年学生应提高自己的审美水平，接受科学的消费咨询，多听家长、老师的意见，多思考消费的目的和效果，防止从众、攀比和虚荣消费，更要抵制不利于健康的消费内容，比如抽烟、喝酒、赌博等。

3.提倡理性消费

理性消费就是要适度，就是适家庭经济条件之度，适中学生正常需求之度。花钱要考虑到家庭的承受能力，不顾家庭生活条件而追求超前消费是不应该的，青少年学生的消费方式应当是合乎社会的文明风貌的、健康有益的。比如穿得朴素大方即可，在校园里穿校服，这既有整体美，又能彰显我们青少年的青春活力。

消费分为生存性的、享受性的和发展性的三个层次。在衣食不愁的基础上，青少年学生的消费应多投向发展性层次。例如，订阅有益的书刊，学习电脑，参加能促进身心健康的文体活动。对有害的消费要时时保持警惕，防止在某些诱惑下误入歧途。不管社会发展到什么程度，节俭美德总是受人推崇的。过去人们说"清贫之志不敢忘"，今天，仍要提倡勤劳俭朴的消费观。中学生应该加强自己对国情、社情和家情的认识，增强对资源稀缺性的认识，使消费步入健康、科学、合理、适度的轨道。

84 如何做父母的小助手？

成长的烦恼

下午放学，亮亮一把将书包扔给了来接自己的爸爸，然后拉着几个小伙伴自顾自地跑开了。到家后，亮亮立即打开电视，开始看自己最喜欢的动画片。妈妈下班回家，亮亮顾着看电视，没帮妈妈开门；妈妈摘菜洗菜时，亮亮也没空帮忙；后来妈妈炒菜时发现盐没有了，请亮亮帮忙到小区楼下超市购买，亮亮非常生气地拒绝了，还责怪妈妈打扰他看电视。

你在家里是爸妈的好帮手吗？你是怎么做到的呢？

心海导航

媒体曾就各国小学生每日家务劳动时间披露过这样一组数据：美国1.2小时，韩国0.7小时，英国0.6小时，法国0.5小时，日本0.4小时，而中国，是0.2小时，即每天仅12分钟。城市里的孩子家务劳动的时间更是少之又少。美国哈佛大学的学者们在进行了长达二十多年的跟踪研究之后，得出了一个惊人的结论：爱干家务的孩子与不爱干家务的孩子相比，失业率为1：15，犯罪率为1：10，离婚率与心理患病率也有显著差别。由此可见，参加家务劳动不仅仅是孩子为父母分忧的权宜之计，更重要的是，它关系到孩子的发展，关系到孩子未来的就业成才和生活幸福。

参加家务劳动如此重要，那么，如何当好父母的小助手呢？

1.自己的事情自己做

（1）培养良好的个人卫生习惯

从简单的劳动技能开始，诸如洗脸、刷牙、剪指甲等，然后开始自己洗澡、洗衣服，根据天气变化适当增减衣服等等。还有自己的房间、自己的玩具，学着慢慢整理。

（2）学会整理学习用品

要学会根据自己的课程表整理自己的书包，不要每天都把所有的书装在书包里。无关的东西比如玩具、零食等不要放在书包里。作业本收拾整齐，不乱涂乱画。文具放在方便拿出的固定位置。

（3）养成独立的学习习惯

课堂上记清楚老师布置的作业，分配好时间。放学回家之后，自觉完成作业，不要养成家长催促的习惯，做完后自己独立检查。

我们要努力学好各门功课，经常主动向父母汇报自己在学校的学习生活情况，不让父母操心。

2.分担家务劳动，承担家庭责任

我们是家庭的一员，所以我们有责任和义务分担家庭的家务。当我们看电视，妈妈炒菜发现盐没有了的时候，我们可以出自己的一份力；当我们放学回家，看到奶奶在洗菜，我们可以过去帮忙；当爸爸妈妈下班回家，累得腰酸背痛的时候，我们也可以帮父母捶捶背……碰到一些比较重大的事情，要和父母商量，征求和认真考虑父母的意见。主动为父母分担一些力所能及的家务和烦恼，减轻父母负担。

3.感恩父母，走近父母

　　我们可以为工作劳累了一天的父母倒一杯茶，揉揉肩，讲讲笑话；还可以每天放学回家后谈谈学习，讲讲感受，给父母一个好心情。在需要外出的时候，首先征得父母同意，然后把去向和时间告知父母，以免父母担心。

　　当和父母有分歧时，不当面顶撞父母，不和父母争吵。在日常生活中，学会节俭，不要浪费，不随便乱花钱，不向父母提过高要求。

85 如何应对青春期的生理变化？

成长的烦恼

　　阿芬原来是个爱笑的女孩，从上了初中以后，身体就悄悄地发生了变化，随之而来的是心理焦虑，经常会一个人胡思乱想，结果弄得白天没精神，常常心动过速，容易疲劳，晚上睡不着。想和父母说，又不好意思开口；想求助老师，又觉得没有什么大事。直到有一天，她在阅读一本心理健康教材时，才恍然大悟，原来书上写着这样一句话："不要对自己所谓的变化或症状过分关注，越关注越恶化。"后来她就顺其自然地接受了身体的变化，将时间及精力投入到学习和生活当中去，果然心情变得越来越好，她又找回了那个爱笑的自己。

　　每个人都从青春年华里走来，你有过类似的体验吗？你是如何应对的？

心海导航

　　青春期是人生最美好的阶段之一，是儿童向成人过渡的阶段。这个时期，少年们的身体迅速发育，内脏器官显著变化，第二性征出现，生殖能力发育成熟，产生了朦胧的性意识，性心理蓬勃发展。

　　青春期是人体性发育的关键期。一般来说，女生发育早于男生，她们9—14

岁就进入了快速发育阶段，男生一般要晚两年左右。男生和女生的变化，大部分是相似的，如身高增加、体重增加、汗腺发达等。每一个正常发育的人都要经历这些变化，有的人变化来得早些，有的人变化晚一些，有的人快，有的人慢，这是人们的个体差异，是正常的。

处于青春期的少男少女，都会产生"我正常吗"的想法，这样的想法是正常的。这可以驱使我们去了解我们自己。如果想了解更多与身体发育相关的知识或者有任何问题，可以向老师、家长、医生询问，不要到不良网站或者不良书籍上寻找答案，因为那样很容易得到错误的引导。

1.青春期应注意加强营养

青春期不仅有特殊的生理特点，也是长身体和长知识的重要阶段，因此，要加强营养，以满足青春期身体猛长的需求。除了有足量的蛋白质、脂肪及碳水化合物外，还应增加足量的矿物质、微量元素及各种维生素，以满足生长发育的需要。故应多食蔬菜、豆类、瘦肉、蛋、水果等含铁、蛋白质及维生素的食物。

2.青春期应保持良好的生活习惯

（1）合理安排作息时间，定时休息，保证睡眠，争取不熬夜；注意科学用脑，加强体育锻炼，既可增强体质，又可使大脑得到锻炼。

（2）注意用眼卫生，看书、写字时间不宜过长，书本与眼睛的距离应在1尺左右，不要在光线较弱或阳光直射的环境下看书写字，也不要在走路、坐车或躺着时看书，以免影响视力；注意坐和站的姿势，以便全身各部匀称发育。

3.青春期要注意生理卫生

青春期是生殖器官逐渐发育成熟的时期，但生殖系统自然防御机能尚不健全，加之少男少女对遗精、月经的处理没有经验，容易引起感染，因此，应特别注意外阴卫生，勤换内裤，勤洗外阴。每天睡前清洗外阴有利于健康。男生包皮过长容易藏垢纳污，招致细菌滋生，引发生殖器炎症，因此，有包皮过长者，应尽早做包皮环切手术，以便能经常翻起包皮进行清洗。

4.青春期要注意心理调适

随着身体的迅速成长、生殖器官迅速发育和第二性征的出现，青春期的男女在心理方面也会发生许多变化，尤其是少女月经时期出现的易怒、抑郁、注意力不集中等；少男遗精后的恐惧心理，甚至为此终日闷闷不乐或想入非非等。对此，除了学校、家长应当给予适当的照顾、关心和正确引导，学生自己也应保持心情舒畅，把精力投入到学习知识和有意义的文体活动中去，顺利度过一个积极的、健康的青春期。

86 如何驾驭青春期的性萌动？

成长的烦恼

军军喜欢同班的一位女生，她五官精致，身材窈窕，皮肤白皙，学习成绩也很好，是很多同学心目中的女神。军军暗自觉得每天上学最大的动力就是可以见到她，上课时经常会不自觉盯着她看。这样一来，军军上课经常走神，成绩明显下滑。特别是最近一段时间，睡觉时偶尔会想入非非，情不自禁地出现一些与性有关的幻想。军军为此特别苦恼，担心自己是不是心理变态。

你认为军军的状态正常吗？我们该如何驾驭青春期的性萌动？

心海导航

忽如一夜春风来，千树万树梨花开。进入青春期，同学们的性生理和性心理都发生巨大的变化，主要包括生殖器官的发育、第二性征的出现以及对异性产生好感。面对这些变化，有的同学没有任何知识和心理准备，容易羞涩、好奇、担心、误解、回避、迷惑甚至不知所措，个别同学甚至因此产生了一些性心理障碍，或者懵懵懂懂地过早发生性行为，给彼此造成身体和心理上的创伤。此外，信息化时代，形形色色的网络信息充斥着我们的眼球，不少色情的、错误的信息常常误导大家。对青少年而言，接受健康科学的性教育十分重要和迫切。

面对青春期的性萌动，中学生应努力做到以下几点。

1.正确看待自身的性觉醒

青春期"情窦初开"，通常会出现明显的性生理变化和性心理变化。比如，男生阴茎自动勃起的次数增加，少女阴道分泌液增多；男生出现遗精、滑精，女生规律性月经；受性刺激时发生自慰行为；努力表现自己的心理特质，开始注意修饰仪表，讲究发式、服装等；对异性产生兴趣，留心自己被异性怎样评价，观察异性对自己的反应，如在集体活动中，男生总希望并设法引起异性对自己的注意，往往喜欢在所钟情的异性面前逞能，以展示自己的才华；开始注意、倾听、理解、揣摩自己所钟情对象的言谈、举止、心情和情绪，总希望能为对方做点什么；不愿意在异性面前受人批评、指责。所有这些乃至更多，都属于青春期性觉醒的正常现象。

很多青少年对自慰充满疑惑。现代医学研究表明，适度自慰不会对身体造成危害。对于青少年来说，自慰的害处并不在于自慰本身，而在于"自慰有害论"带来的心理压力，自慰后容易产生恐惧心理、犯罪感、自我谴责和悔恨心理。实际上，在性交不被允许的前提下，适度的自慰是一种完全正常的替代满足行为。当然，过度自慰会使肉体的性感高潮在无须异性的正常诱惑下就得以满足，容易导致男性早泄、女性妇科感染等生理疾病。青少年可以通过转移注意力、参加文娱活动、保持规律作息、健康阅读、治疗包皮包茎等方法来防止过度自慰。

2.通过健康科学的途径了解性知识

随着性冲动的发生和性意识的觉醒，青少年常常对与性有关的活动充满好奇和疑惑。在树立正确性观念的关键时期，应选择健康科学的途径了解性知识，如阅读性教育书籍，参加性教育讲座等，避免接触淫秽色情网站、书刊、视频资料。切记，这些淫秽色情信息不仅不能传播正确的性知识，而且常常误导和毒害青少年。健康科学的性教育知识包括生理、心理、道德、审美和法律等多个方面的综合内容。

3.避免过早的性行为

性行为不是图一时之快的儿童游戏，一定要想清楚，预料到可能的后果：父母反对、同学取笑、触犯法律、怀孕、感染疾病等。初中生尚未成年，还处于义务教育阶段，身体发育尚不成熟，心理承受能力也常常无法应对过早性行为带来的压力和冲击，理应坚决避免发生性行为。

和异性交往时，应控制好自己的性冲动，做到：

（1）尊重异性，和异性朋友广泛交流，真诚相处，减少性好奇和性压抑；

（2）制定并尊重双方可以接受的身体亲密界限，如"最多只能牵手"；

（3）清楚且坚定地拒绝对方的性邀请，说出你的感觉："当你这样要求的时候，我的感觉很不舒服；我不喜欢；我不愿意；我不要。"千万不要害怕冲突的发生，坚决维护自己的立场和尊严，勇敢地说"NO"。

（4）避免让自己处于危险或充满诱惑的环境，如单独相处的空间，KTV等娱乐场所，阴暗的地方，喝酒或使用药物，玩身体接触的游戏等。

87 如何调节青春期的逆反心理？

成长的烦恼

张斌今年16岁，最近在学校因为发型不符合学校要求，加上没按时完成作业而受到老师的批评和责罚。张斌认为同样的情况不止自己一人，老师纯属故意针对自己，于是一脸不服气，与老师顶嘴，坚决不承认错误。

爸爸知道张斌在学校的情况后，大发雷霆，要求张斌好好检讨，立刻向老师道歉。原本快要忘记此事的张斌见父亲往事重提，内心生出强烈的抵触情绪，一声不吭，甩门而去。后来，张斌对学习的兴趣逐渐下降，有的老师说了一些过激的话，那这门课他干脆上课睡觉，不听讲，作业不写，成绩直线退步。私底下，张斌也知道自己有些方面做得不对，但是不知道该如何调节自己的心态。

你是如何度过青春期的逆反阶段的？

心海导航

逆反心理是指青少年为了维护自尊，而对对方的要求采取相反的态度和言行的一种心理状态。逆反心理是青少年成长过程中经常会出现的一种心理状态，是青少年一个突出的心理特点。因为正处于心理发展的"过渡期"，青少年的独立意识和自我意识日益增强，迫切希望摆脱成人的监护，反对成人把自己当"小孩"，而以成人自居。为了表现自己的"非凡"，就对任何事物都倾向于批判态度。正是由于担心外界忽视了自己的独立存在，才产生了逆反心理，从而用各种手段、方法来确立"自我"与外界的平等地位。

逆反心理虽然说不上是一种不健康的心理，但是当它反应强烈时却是一种反常的心理，如果不及时加以矫正，发展下去对青少年的成长非常不利。我们可以从以下几个方面努力调整逆反心理。

1.有效沟通

为了避免老师和父母的误解与束缚，我们应该学会主动沟通，将自己的想法、打算告诉对方，争取对方的理解、信任和帮助。要将"情绪化的表达"转化为"表达我的情绪"，客观理性地向对方描述事件本身以及自己内心的感受。控制不住情绪要发脾气时，要学会避免正面冲突，推迟动怒时间，可先在心里倒数15下，再宣泄自己的情绪，且下一次再延长间隔时间。

2.换位思考

处于青春期逆反阶段，自己要对自身的情绪状态有主动的觉察，认识到自己情绪和行为反应中合理的一部分与不合理的一部分。同时，换位思考，想想对方这么做的积极动因。尤其是父母和老师，很多人约束我们的言行，都出于对我们的关爱，尽管有时方式方法并非最好。无论如何，当我们换位思考时，我们可以一分为二地看待问题，可以优先向对方表达，认可和接纳对方"爱"的部分，这样便可以避免对抗的出现。

3.保持善良

逆反是必然的，是正常的，绝大部分人都会经历这样一个阶段。但是逆反期过后，每个人成长的方向是不同的，逆反并不代表作乱，我们必须保持一颗善良的心，才能减少因为逆反而带来的对他人、对社会以及对自己的伤害。

4.总结成长

逆反是一个人心理发展过程中自我独立意识增强的表现，也是我们形成自我边界的良好契机。在此过程中，我们应该及时总结经验，形成自己的原则，同时避免桀骜自大。不断调整和完善自己的认知模式、情绪反应习惯和行为方式，让自己变得更加成熟、独立，从而让父母、老师对我们更加放心、信任。

88 如何培养职业兴趣？

成长的烦恼

"十年后，你们会在哪里？成为什么样的人？"心理老师问大家。高明的内心翻腾涌动，有点儿说不清楚的小激动。高明从小就喜欢蹲在地上看蚂蚁，最爱看的电视节目是《动物世界》，总想着要是一天到晚都能看到羚羊奔跑那得多有意思呀！不过，高明又想起妈妈常常念叨的，将来考大学一定要去学国际金融，毕业后可以进外企当高管，成为城市金领。这让高明有点儿左右摇摆，他也说不清自己以后会成为什么样的人。

小时候作文本上"我的理想"已经离我们的生活越来越遥远了，我们只知道一定要考上大学，可是去大学学什么？是为兴趣而选还是为就业而选？很多人都在迷茫与徘徊之中。那么，应如何培养我们的职业兴趣呢？

心海导航

培养职业兴趣，可以从以下几个方面努力。

1.积极尝试、体验广泛的兴趣事物

除了被动吸引外，我们也可以主动去培养自己的兴趣。通常，兴趣的发生发展会经历三个层次：有趣——乐趣——志趣。

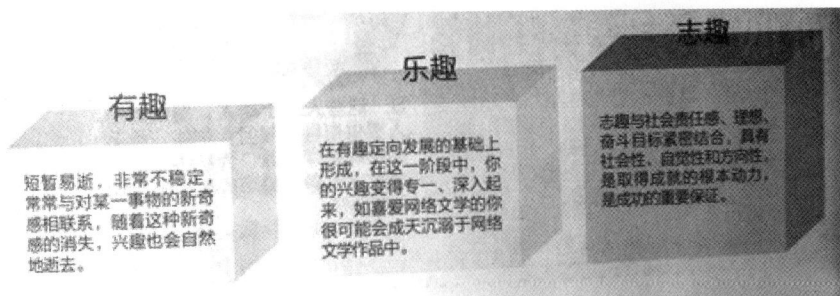

与特长不同，我们可以通过主动地接触了解事物，产生直接的体验，先放下过强的成就动机让自己全然投入，享受其中的过程，再根据有趣与否来考虑是否要进一步将其发展为乐趣。许多高中都有各种官方或民间组织的社团，如街舞社、合唱团、篮球队、足球队、文学社、动漫社、模拟联合国社、商业社、多媒体社、天文爱好者等，同学们可以在高一入学后尽早了解，申请加入感兴趣的社团。当然，你也可以根据自己的兴趣去申请创建一个全新的社团。

2.积极探索自身的职业兴趣倾向

每种职业都有它自身的特点，可能同时具有我们喜欢和不喜欢的地方。我们可以借助心理测评、自我反思、交流探讨等方法来积极探索自我，帮助自己认识职业兴趣。

（1）心理测评

目前，使用范围最广的职业兴趣倾向测试是《霍兰德职业兴趣倾向测试》。霍兰德的理论体系认为，个体的职业兴趣也是人格的一部分，特别是在考虑人职匹配的时候。因为某一类型的职业通常会吸引具有相同人格特质的人，而他们通常对生活事件的反应模式也是相似的，并创造出了具有特色的工作环境。如果我们知道上述职业兴趣类型，就可以预测自己的职业选择、工作变换、职业成就等。霍兰德认为，在职业选择时应遵循以下几个规律：

适宜规律：每种职业兴趣类型的人适宜从事同类型的职业。

相近规律：从事与职业兴趣类型相近类型的职业较容易适应。

中性规律：通过努力，也较容易适应与职业兴趣类型相隔的职业类型。

相斥规律：如果选择与职业兴趣类型相斥（即对角）的职业类型，则很难适应。

（2）自我反思

随着年龄与见识的增长，人的兴趣可能会发生变化，也有可能会伴你一生。我们需要去寻找我们的志趣所在，以帮助我们在职业上保持长久的激情和满足。哪些兴趣可以被培养成志趣呢？可能需要思考以下问题：在你的兴趣里，有哪些是在你遇到挫折时也不愿意放弃的？有哪些是让你能不断体验到满足和自信的？

（3）交流探讨

孔子云：三人行必有我师焉。不同的人会以其不同的阅历与视角阐述自己的观点，给我们以启发。我们可以与同学探讨与兴趣有关的亲身体验，如有同学曾经体验过实习交警的职位，我们可以与他交流当时他具体做了些什么，关于交警这个职位有什么感受和想法。除此之外，当我们跟长辈进行交流时，还可以请他谈谈相关的职业发展历程和未来发展前景。

89 怎样合理使用网络?

成长的烦恼

蓉蓉说:"网络真是个让我欢喜让我忧的东西。"去年蓉蓉生病住了两个月的院,她利用网络课程,把落下的课程都补上了,顺利地通过了期末考试。也正是在那时,蓉蓉认识了一个幽默风趣的"风","风"的学识与阅历让蓉蓉深深地迷恋,遇到高兴与不高兴的事一定要与"风"分享,如果哪天蓉蓉上网没碰上"风",那么这天蓉蓉肯定会魂不守舍。蓉蓉觉得,自己是不是得了什么病了。

作为一名学生,该如何合理使用网络?

心海导航

正如蓉蓉所经历的那样,网络让人欢喜让人忧,它既给我们的学习和生活带来了便利,也带来了负面的影响。青少年学生应该充分认识网络,加强自我约束,让网络有效地服务于我们,争做"网主",不做"网奴"。

1.充分利用网络的用途

网络作为信息化时代的一个重要工具,已经渗透到教育、娱乐、经济、医疗、保险、交通等生活的各个方面。网络的用途不仅仅限于看电影、听音乐、玩游戏、聊天、购物，还可以用来检索新闻或信息、下载软件和资料、收发电子邮件和文件、远程订票或报名、举行异地视频会议、在线学习和讨论、提供在线翻译、远程协助、购物营销、投资理财、求医问诊、投诉检举……我们要学会充分利用网络强大的功能来促进自己的学习，便利自己的生活，而不是只会上网看电影、玩游戏。

2.自我约束上网的行为

在使用网络的过程中加强自我约束，做到有节制地、安全地、文明地上网：

第一，加强自我保护意识，安全上网。不进营业性网吧，不在网上随便向陌生人和机构透露自己真实的身份信息，包括：家庭住址、学校名称、家庭电话号码、密码、父母身份、家庭经济状况等。学会甄别网络信息的真假。经常与父母沟通，让父母或可靠的朋友了解自己在网上的活动。

第二，加强自我控制，做到有节制地上网。每次上网前，明确上网的目的，严格控制上网的时间和频率，一般每次上网时间不超过一小时，不影响自己正常的学习和生活；在现实生活中遇到学习、人际交往困难时，要勇敢地面对，或积极寻求大人、朋友的帮助，或努力自我探索解决问题的办法，而不是把网络当作一种精神寄托而沉溺其中。

第三，遵守网络自律公约，做到文明上网。增强网络道德意识，不在网上浏览和散播淫秽色情、暴力等不良信息，不参与低级、庸俗的网络聊天，不盲目跟风从众，不在网上造谣诽谤，弄虚作假等

90 如何战胜网络成瘾？

成长的烦恼

有了智能手机以来，王强每天用手机上网的时间常常超过三四个小时，有时QQ聊天到半夜，有时玩手机游戏一局又一局，有时看小说欲罢不能，有时什么都没做，只是拿着手机漫无目的地翻来翻去……王强怀疑自己是不是"网络成瘾"了。

作为一名学生，该如何摆脱对网络的过度依赖呢？

心海导航

"网络成瘾"是一个范围很广的概念，包含了多种行为表现和难以控制的冲动，至少有以下五种典型的网络成瘾行为需要引起关注：

一是网上色情活动成瘾（沉溺于成人聊天室或色情网页）；

二是网络交友成瘾（通过在聊天室、网络游戏、网络群组结交网友，用这代替现实生活中的朋友和家人，同时还包括网恋问题）；

三是网络冲动（难以控制地沉迷在线赌博、在线拍卖，以及过度的在线交易）；

四是获取过量信息（难以控制的网上冲浪和数据库搜索行为）；

五是电脑成瘾（沉迷于打游戏或编程，这种问题大多出现在成年男性、儿童和青少年身上）。

战胜网络成瘾，需要注意以下几个方面。

1.不要试图突然放弃所有的网络使用

使用时间管理技巧为你的上网制定一个固定的时间表，减少在线时间，以便你能在现实生活中的活动时间、人际交往的时间和网络使用的时间中找到平衡。

2.避免复发

恢复正常的一个关键就是制定一个新的时间表，它强调简短的和有规律的上网时间。一旦你确定了一个时间表，就要坚持执行这个时间表至少三个星期，然后再尝试对其进行一些小的必要的调整。为了努力养成新的更健康的习惯，你一定要持之以恒。如果你确实有过度使用网络的行为复发，就要努力地马上再按照新的时间表行动。

3.在现实世界中寻找支持

让爱你的人加入你恢复的进程。你的同伴或其他爱你的人的支持会帮助你更好地恢复。确保这些人理解你的目标是适度控制而不是戒除上网活动，你也许会想与爱你的人一起分析并最终确定你的恢复目标和步骤。

4.了解你成瘾行为的诱因

认识到刺激你上网的诱因后，你将更能够在恢复过程中的关键点做出正确的决定。简单地说，生活就是选择，当你能够理解你选择的是什么和你为什么选择时，你会更容易做出更明智的选择。

5.对自己做出的努力给予一些赞扬

对自己的网络成瘾行为以及不能在一夜之间解决这个问题感到难为情是很自然的事。恢复过程不是平坦、完美的，当你取得进步时，要给自己一些赞扬。例如，你放弃了最喜欢的聊天室或游戏，或者将收发电子邮件的时间减少了一半，这些都是显著的成就，你应当感到自豪和愉快。

6.对自己有耐心

要给恢复过程一定的时间。现实生活中发生改变的时间，会长于你在网络中习惯的迅速亲密和获得满足的时间。

7.寻求专业的咨询

如果你发现改变你的上网习惯很困难，你可以向学校和社区的咨询中心寻求帮助。

91 如何增强集体荣誉感?

成长的烦恼

丁磊从农村转学来到现在的学校,尽管班上的老师和同学都对自己不错,但丁磊始终觉得自己是外来的一员,觉得老师和同学关心自己只是出于一种礼节而已。班上组织集体活动,丁磊常常没有兴趣参加,即使参加也很少融入其中,看起来更像一个旁观者。前不久,学校举办田径运动会,当班上所有老师和同学都在为自己班上的队员呐喊助威时,丁磊却觉得自己似乎没有这种激情,这让丁磊自己也深感纳闷。

你有什么方法增强自身的集体荣誉感吗?

心海导航

集体荣誉感是一种热爱集体、关心集体,自觉地为集体尽义务、做贡献、争荣誉的道德情感。当集体受到赞扬、奖励的时候,就会产生欣慰、光荣、自豪的感情;当集体受到批评或惩罚的时候,就会产生不安、羞愧、自责的感情,这就是集体荣誉感,是有上进心的表现,是一种积极健康的心理品质,是激励同学们奋发向上的精神力量。

集体荣誉感是集体凝聚力的来源。我们不能说没有集体荣誉感就没有集体，但我们肯定的是没有集体荣誉感会导致集体走向分崩离析。所以集体荣誉感既是集体所必需的，又是集体发展的动力。

1.增强主人翁意识

主人翁意识是一个人的重要心理品质，它能使人体验一种道德上的责任，把集体的工作当作自己分内的工作，全心投入、积极奉献。主人翁意识又是自律向上的动力，有了这个动力，你会对集体的事情热心参与，为集体的成绩、进步而欢欣，为集体的困难、挫折而焦虑，感觉到集体的一切与自己息息相关。

2.多融入集体

中学生尤其要知道合作的重要性。集体活动需要大家的理解、配合甚至是小小的牺牲，只有这样，大家才能完成高质量的工作。一个人，只有融进集体，相互容纳之间的差异性，每个人都关心他人，想集体所需，才能充分展现才华和生命的价值。

3.多和集体成员分享观点

集体内部是否愿意交流分享，对于集体的成长和集体成员的归属感是非常重要的。如果集体内的每个人都是在集体智慧的基础上向上探索，探索的结果又能够充分地分享，那么集体的学习成本就可以大大降低，各成员间的成就感也会大大增强。

4.庆祝集体取得的每一个成功，激发集体荣誉感

这是激发集体荣誉感、集体归属感很不错的办法，也是让大家发泄情绪、放松压力很有效的一招。因为往往一个越成功的集体就是面临任务压力越重的团队，集体的庆祝往往能够很好地释放这种压力，让大家始终保持一种轻松愉快的心境。

92 如何理性对待偶像与追星？

成长的烦恼

　　青春在焦灼与困惑中慢慢成熟。通过辅导，陈曦终于明白对明星一厢情愿的追逐并不是真爱，而是无知的消耗与折磨。她曾是李宇春的粉丝，只要有她的演出，陈曦一定要看，甚至好几次逃课去看。电视里李宇春一个简单动作、一个表情，都曾让她迷醉和倾服，脑海里的每个角落都充盈着她的影子。可"好景不常在，好花不常开"，随着成绩不断下降，陈曦的心里痛苦不堪，尽管表面上无所谓。最后，在心理老师的帮助下，陈曦重新找回了自我。心理老师让她去了解李宇春成名前"十年磨一剑"的刻苦，去学习李宇春成名后依然积极向上的心态。

　　你有喜欢的偶像明星吗？从他/她身上你学到了什么呢？

心海导航

　　追星是青少年从孩童向成人成长过程中的生理心理过程的反映。青少年处于由孩子向成人的发展阶段，正是长身体、长知识和树立远大理想的时期，他们的理想、愿望正处于迷茫和混沌中，需要自我的实现和完善。他们既想摆脱儿童的心理，又想像成人那样表现成熟。明星的出现使他们眼前一亮，似乎从明星的身上看到了自我实现的希望，追随明星、崇拜明星，已成为他们心中的渴求。

追星是青少年寄托希望和理想的一种表现。大多数明星都有一技之长，或在体育竞技上，或在艺术上。加上其外表或是英俊潇洒，或是风姿绰约，体现了美和风韵，年轻人常常被他们吸引，从思想、行为和外表等方面去模仿学习。

追星也是广大青少年心理的需求和情感宣泄的需要。青少年时期，是生理和心理的重要转型时期，性发育正走向成熟，但性意识仍是朦朦胧胧，心中或多或少都有异性的影子。在年轻人的眼里，明星是快乐的使者，是美的化身，是最有成就的典范。他们都向往梦幻般的青春，生活在自己虚拟的世界中，幻想着自己成为明星，成为顶尖人物，并以此作为生活中的目标。

偶像崇拜是青少年对人生追求的体验，是人生的一个重要过程，每个时代的青少年都有自己人生的理想，都有追求的人生目标和偶像，追星也是这样。因此，对追星现象和偶像崇拜既不要一概反对，也不要放任自流，要积极引导，使之理性化。而且，不是一切喜欢明星的行为都是追星，在明星的影响下提高自己的品位和修养，是一件愉快的事情。我们可以从他们身上学会怎样面对困难，向他们学习这种拼搏的精神……追星的过程中应注意以下几点：

（1）不盲目追星。你所崇拜的应该是真正值得你崇拜的，而不是徒有其表，他（她）更应该有高尚的人品和超凡的气度；不仅仅应该吸引你的目光，更应该能震撼你的心灵；

（2）不疯狂追星。不要花太多的时间追星，因为学习是最主要的。想想看：一个没有文化的人，明星会喜欢你吗？

（3）善于从自己所崇拜的偶像身上汲取积极的人生经验；

（4）在追星的同时，也要关心身边的人，比如爸爸妈妈，爷爷奶奶，因为他们为你付出了那么多；

（5）摆正自己与明星的关系。明星有工作，需要有人支持，但支持他（她）并不是你的工作，你还有你的生活。

总之，不要在追星中失去你自己，因为你最终只能成为你自己。

93 如何安排课余生活？

成长的烦恼

进入中学阶段，尽管学习任务繁重，但刘博同学的课余生活依旧丰富多彩。篮球场上不时可以看见他跳跃的身影，校园书吧也常常留下他的足迹，书画展览上有他的作品，文艺晚会飘扬着他的歌声，更可贵的，是他的学习成绩还名列前茅。很多同学都羡慕他，却难以理解众多的课余爱好为何没有影响他的学习成绩，让刘博成了学校众所周知的"万人迷"。

课余生活对我们有什么影响和意义？我们该如何很好地安排课余生活呢？

心海导航

课余生活即课余休闲活动，休闲是指在非劳动及非工作时间内以各种"玩"的方式求得身心的调节与放松，达到身体保健、体能恢复、身心愉悦目的的一种业余生活。科学文明的休闲方式，可以有效地促进能量的储蓄和释放，包括对智能、体能的调节和生理、心理机能的锻炼。

休闲是一种心灵的体验，经营好课余生活对青少年具有重要的现实意义。

1.通过调节身心间接促进学业

马克思说："不会休息的人就不会工作"，可见休息对于工作的重要性。休息可以是多种形式的，坐着躺着只是生理层面的休息，适合于体力劳动者，学习是脑力劳动，很多时候劳累的并非身体。有的初中生存在厌学心理，对学习有一种倦怠感，这其实是一种心理劳累的表现。这种心理劳累带来的直接后果，就是学习效率低，事倍功半，情绪烦躁，影响人际关系。

课余生活表面看占用了学习时间，实际上可以间接地促进学业。俗话说"磨刀不误砍柴工"，知识如"柴"，心态如"刀"，"刀"钝了，最好是先磨一下，否则浪费力气，事倍功半。丰富的课余生活通过转移注意力，从而让大脑得以休息，同时又可以很好地缓解学习造成的压力及焦虑，再次投入学习时可以轻装上阵，学习效率自然更高。初三的学习比以往更紧张，但越是在这种情况下，我们更应该注重效率，不可机械地打"时间战"和"疲劳战"。

2.通过团体活动结识更多朋友

人与人之间的交往总是始于某个"交集"，所有"交集"中，最容易培养和巩固友谊的就是共同的兴趣爱好。目前，学校和社会上有很多由共同爱好者组成的协会或社团，比如集邮协会、书法协会、登山协会、垂钓协会、舞蹈协会、兰花协会、文学社等等，数不胜数。大部分人加入一个兴趣社团后，都能快速结识很多新朋友，满足自己兴趣爱好的同时，还可以学习与人相处之道。反过来，通过认识新的朋友，又可以进一步丰富自己的课余生活形式和内容。

那么，青少年应该如何选择课余休闲活动呢？

1.安全与健康是前提

相对于成年人而言，中学生在应对风险、避免危害方面的能力尚不成熟。因此，在选择课余休闲活动时，首先应选择安全与健康的活动，不宜尝试和挑战风险大或有明显危害的活动。比如游泳，是一项放松和锻炼身体的好活动，在有安全员现场监控的条件下非常安全，但是有人喜欢在纯天然的江湖水库中游泳，其中存在极大的安全隐患，中学生不宜效仿。此外，那些明显不利于健康的活动应该坚决抵制，比如抽烟、酗酒、赌博等等。

2.考虑客观条件

可以充当课余休闲的活动有很多，但不同活动的开展需要满足的条件不同，有些可以随时进行，有些需要一定的场所和设备。不同的活动带来的价值也不一样，有些仅仅是娱乐一下，有些活动在娱乐之外还有知识或能力的获得。对于中学生而言，选择花费不太高、时间上与学习不冲突的休闲项目比较理想。例如，早晨可以安排运动休闲，激发身体活力；晚上可以安排散步、听音乐或课外阅读等活动；周末的时间比较宽裕，可以安排郊游、学习研究等活动。

3.符合自己的性格特点

休闲活动种类繁多，不同的休闲活动适合于不同性格的人，我们可以尽可能地多接触和尝试一些，然后选择适合自己性格、可以带给自己乐趣并愿意坚持的休闲活动。如果你是一个内向的人，就没必要强迫自己频繁参加团体活动，可以考虑选择一些安静、可独立完成的活动，比如慢跑、书法、摄影等。如果你是一个热心、乐于助人的人，可以考虑参加一些志愿者组织，定期做一些公益。

94 如何做好自我保护？

成长的烦恼

阿英走在回家的路上，迎面走来几个人，其中一个故意撞了阿英一下，还大声嚷道："你没长眼睛啊？走路不看着点！"阿英连说自己不是故意的，正要往家走，却被另一个人拦住，说撞了人就要赔钱，并强行搜掉了她身上的十几块钱，要她明天再带五十元过来，威胁她不能告诉大人，否则见一次打一次。阿英很害怕，犹豫之下还是告诉了爸妈，爸妈关心她是否受伤，还告诉她如何应对这类情况……

阿英的遭遇并非特例，生活中可能碰到各种危机和险情：地震、火灾、溺水、触电、食物中毒、被欺凌、性侵、劫持……我们该如何做好自我保护呢？

心海导航

面对危机和险情，只有提高自我保护的意识，学习求救和自救的方法，才能确保自身的安全。

1.提高自我保护意识

在遇到事情之前，要对事情的合理性、危害性进行判断，只要发现有一点不正常的现象，就应提高警惕，有危险的事坚决不做。比如，外出时应告知家长，最好能结伴而行；尽量不去酒吧、偏僻的郊外等有安全隐患的场所；独自在家时，不要允许身份不明的陌生人进入家中；尽量不与异性单独会面，不要单独与陌生的网友会面，更不要跟着陌生人走或搭乘陌生人的车辆；夜间不要单独行动，要尽量结伴，尽量走灯光明亮的大马路；平时注意自身的行为举止，衣着不要太过暴露；与异性交往时要注意把握分寸；钱财不要外露等。

2.设法自救，脱离险境

当遭遇危险时，对险情的冷静判断和镇静应对是我们成功避开险情的重要前提。掌握必要的逃生急救知识和技巧，学习有效自卫术是我们成功避开险情的关键。如果当时无法避开险情（比如被敲诈）时，我们要先保护好自己的生命安全，事后再告诉家长、老师，并且报警。

遇险自救歌诀

轻微烫伤别惊慌，冷水浸淋最便当，重伤千万莫沾水，速送医院求良方；

校园暴力可以防，方法掌握要适当，求助师长来帮助，结伴走路有保障；

足踝扭伤很常见，肿胀疼痛行走难，冷水冰块来止痛，自行按摩是蛮干；

游泳抽筋皆因凉，一旦抽筋别着慌，跷脚蹬地求缓解，吸取教训莫逞强；

掉进水中莫慌乱，狂喊力气会耗尽，顺水漂流寻时机，冷静观察好脱险；

林中迷路需镇静，登高寻人看究竟，沿着山川寻路走，伏草蛛丝指你行；

外出活动不要怕，结伴而行正气大，电筒哨子手中拿，胆大心细巧筹划。

3.积极求助他人

面对险情时，需要我们冷静，用自己的智慧脱离险境。如果无法脱离险境，就需要用有效的方式求救。比如你遇到歹徒时，大声呼喊，让附近的人发现你。比如你在空旷的野外迷路，可以点燃等距离的三堆火焰，形成等边三角形，用火焰呼救；晚上点亮篝火，白天在火堆上放些青苔、绿叶，使其冒烟，便于让营救者发现。在开阔的草地、海滩、沙漠及雪地上，则可用石块、树干、衣服等做一些醒目的"SOS"地面标志，以便让空中的营救者发现。

95 如何拒绝和抵制不良诱惑？

成长的烦恼

君君自幼聪明伶俐，品学兼优，曾荣获全省中小学生计算机网络知识竞赛一等奖。自从在网吧迷上网络游戏后，每天一放学，他就往网吧里钻，双休日更是无所顾忌，全天泡在网吧，有时还和同学们在网吧里"包夜"，十分痴迷。上课时，黑板上的字、课本上的练习，在他的眼里全变成了电子游戏里五颜六色的方块和跳棋子，在他的眼前晃来晃去，赶也赶不走。后来，为了玩网络游戏，他经常逃学，还向多位同学借钱买卡……

想一想，君君沉迷于网络游戏会导致什么结果呢？你有什么方法拒绝和抵制不良诱惑吗？

心海导航

青少年常见的诱惑主要包括以下几个方面。

1.网络的诱惑

诱惑多少有些贬义色彩，把上网当作一种诱惑未必恰当。网络是个跨越时空的大千世界，从某种意义上讲，它比个人的现实世界更丰富。然而，网络世界的信息也存在过度充斥、鱼龙混杂等问题。上网既可以让人获得信息，增长见识，也可以让人迷失方向，走向堕落。部分中学生因逃避现实生活、热衷于电子游戏、虚拟社交、色情读物而沉迷于网络，对学习和生活造成严重的干扰。

2.烟酒的诱惑

烟酒在一定程度上可以缓解一个人的压力和焦虑，但这只是暂时的，犹如扬汤止沸。初中生的身体发育还不健全，很多器官和机能正处于发育阶段，抽烟和酗酒常常给身体发育带来不可逆转的危害。有研究表明，抽烟者患肺癌的概率远远大于不抽烟者。成年人适量饮酒对身体没有害处，但由喝酒引发的悲剧和灾难却是罄竹难书。中学生自控能力不够，酗酒容易使人冲动，滋生意外。此外，酒精对尚未发育成熟的神经系统有直接的破坏作用。

3.分数的诱惑

学生普遍很在乎考试分数和荣誉，加上父母和老师的期待、升学和排名的压力，有的学生经不起分数和荣誉的诱惑，伸出了作弊之手。投机取巧、弄虚作假或许可以一时得利，但长远看一定得不偿失。即使侥幸没有被抓，但作弊的危害却一点不减。通过考试作弊获取分数和荣誉的同学，必将放松学习，耽误学业。而更大的损失是人品的损失，学生时代就惯于作弊的人，其人品的发展很容易偏离正轨。

不良诱惑犹如病毒，我们要拒绝和抵制不良诱惑，需要结合自己的实际，充分发挥自己的聪明才智，用科学的态度、清醒的头脑和正确的方法，摆脱它们的干扰，避免其对自己的危害。

1.认清诱惑的危害

为了坚定自己拒绝和抵制不良诱惑的决心，我们可以联想自己能够拒绝不良诱惑的美好前景和未来，还可以联想不能拒绝和抵制不良诱惑的严重后果。如联想自己能够拒绝电子游戏机、黄色书刊、武侠小说等不良诱惑，通过自己的努力学习，考上比较理想的大学，毕业后从事自己感兴趣的工作，幸福、愉快地生活；我们还可以联想不能拒绝电子游戏机、黄色书刊、武侠小说等不良诱惑的不良后果，以至于自己不努力学习，成绩下降，辜负了老师和家长的期望，考不上理想的大学，影响了自己的发展，甚至断送了美好的前途。在诱惑面前，多想想它的后果与危害，可以增强抵制能力。

2.避开诱因，转移视线

中学生应远离酒吧、网吧、KTV、歌舞厅、按摩店、休闲中心等各类容易产生诱惑的"是非场所"，避开诱因，转移视线，适当减少独处时间，多参加积极健康的集体活动。这种方法尤其适用于接触诱因的起始阶段。

3.坚持交往原则，适时说"不"

真正的朋友一定是懂得互相尊重并努力使彼此变得更好的人，总是怂恿和诱惑我们参与某些不良行为的朋友并不值得交往。当不良诱惑来自朋友方面时，我们应坚持自己的交往原则，可以依靠自己的自制力、智慧和一定的技巧来婉言回绝，避免朋友们的不理解和嘲弄。

4.请求他人帮助

单靠自己的力量有时很难战胜对自己具有强烈吸引力的诱惑，在这种情况下，我们可以请求别人（如父母、老师、同学和朋友）帮助，监督自己战胜具有强烈吸引力的诱惑（如做作业时想看武侠小说、看电视或想玩游戏等），从而坚定自己拒绝和抵制不良诱惑的决心，增强自己拒绝和抵制不良诱惑的毅力。

5.做好规划，改正不良习惯

为了防止自己做某种着迷的事情而超时，可以严格分配自己的时间，以不同的方式提醒自己专时专用。提醒自己，这是学习时间，应该认真学习；这是锻炼时间，应该进行体育锻炼；这是娱乐时间，可以适当开展一些自己感兴趣的活动，调节自己的身心；这是休息时间，应该好好地休息。同时，应积极开展生涯规划，树立远大的理想，明确近期目标，始终围绕自己的理想和目标，改正不良习惯，不断成长进步。

96 如何积极应对生活困境?

成长的烦恼

小新的入学成绩排名靠后,母亲体弱多病,家庭经济拮据,但他并没有因此抱怨沮丧。他认真总结自己成绩不理想的原因,向成绩好的同学讨教学习方法,努力提高学习效率。他还尽量挤出时间承担力所能及的家务,减轻父母的负担,并积极申请学校的贫困助学金,缓解家庭的经济困难。他总是想着,只要自己肯努力,只要想办法,日子一定会好起来的。

每个人在生活中都会遇到麻烦或困难,每个人的应对方式也各不相同。应该如何应对生活中的困境呢?

心海导航

要想积极主动应对生活中的困境,至少需要做到以下几点。

1.不要说 "我做不到"

有人说:"向借口开刀是决定你能否胜出一般人的标志。"消极被动的人习惯于找借口,在日常的话语中常常流露出推卸责任的个性,他们爱说这样的话:

> **消极被动的言语**
>
> "我已经无能为力了"（意思是"我没法影响事情的进展"）
>
> "我就是这样"（意思是"这辈子是改不了了"）
>
> "是他让我这么生气的"（意思是"不是我的原因，是他控制了我的情绪"）
>
> "他们是不会同意的"（意思是"我做什么也没用，结果是由他们决定"）
>
> "我不得不……"（意思是"我是迫于环境或他人的压力"）

语言能反映一个人对外界环境的态度，也能强化或改变一个人的态度。总是寻找借口，说推诿责任的话，就如同一遍遍地给自己洗脑，使自己变得愈发自怨自艾，怪罪别人，强化宿命论。所以要想变得积极主动，首先从语言开始，必须拒绝借口，你可以把上面这些话变成这样：

> **积极主动的言语**
>
> "我再试试看有没有其他的可能。"
>
> "我可以尝试改变一下，看看结果会如何。"
>
> "我可以控制自己的情绪。"
>
> "我可以想想有没有更有效的沟通方式可以说服他们。"
>
> "我可以选择……"

2.先从自己做起

认为"外在环境是问题的症结所在"这种想法不但错误，而且是导致问题的根源。如果不能反求诸己，一味依赖外在环境改变来达成个人的愿望，无异于任人摆布。正确的方法应该是，首先从自己做起，先改变个人的行为，做个更务力、更有影响力、更具创造力、更能合作的人，再去影响外界的环境。

有这样一个故事：从前，埃及的约瑟从小受父亲的宠爱，却招来其他几位哥哥的妒恨。在他17岁那年，哥哥们趁其不备把他推进了一个深坑，然后以20两银子把他卖给了一个商人为奴。对于约瑟而言，这应该是人生的一场苦难的转折，但他并没有怨天尤人，而是专注地把主人交代的事做好。不久，他的忠诚可靠和聪明智慧就赢得了主人的赏识，他被委以重任，提升为管家，掌管家里所有事务。但好景不长，不久他又遭人诬陷，被投入监狱。对于这样巨大的冤屈，约瑟仍没有怨天尤人或气馁忧愁，而是依然如惯常一样做好手中的事务，在监狱里成了监狱管理的好帮手……最后，他成为只在法老之下、万人之上的宰相，掌管整个埃及。约瑟面对人生困境的这种态度和行为虽不是一般人所能企及的，但我们每个人都可以为自己的生命负责，为自己创造有利的条件，而不是坐等好运或噩运的降临。比如，总是遭受别人的欺负，不是老想着指责对方蛮横不讲理，而是反思一下别人为什么会如此针对自己，是不是自己的软弱胆小让别人觉得自己是个好欺负的人，看看自己可以做些什么来改变总是被人欺负的局面。

97 怎样战胜挫折？

成长的烦恼

星星同学自小学三年级起就很喜欢画画，画得也挺不错。但在五年级的一次全校绘画比赛中未能如愿以偿，仅获得了三等奖。当时她觉得很灰心，一气之下，放弃了画画。

你有过星星同学类似的遭遇吗？你是怎样战胜挫折的？

心海导航

假如生活缺少了挫折，那么生命就会枯萎，人生就会乏味。梁启超曾说："艰难困苦是磨炼人格之最高学校。"没有挫折，生活将缺乏情趣，生命将缺少意义。挫折能磨炼人的意志，激发人的活力，让每一个人都能感受生命最真实的气息。

正如大文豪巴尔扎克所说："苦难，对于天才是一块垫脚石，对于能干的人是一笔财富，但对于弱者则是一个万丈深渊"。逆境中，有人会因此而沉沦，有人会因此而坚强，只有积极地面对并战胜困难，我们才能在这场抗争中变得更有毅力、更有智慧、更加成熟，才能成为生活中真正的强者！

1.战胜挫折三天法

有一位哲学家说过，一个人遭遇不幸之事，其真正感到痛苦的时间只有三天。第一天是事情发生当天，由于事件的突如其来，毫无心理准备，痛苦不堪可以理解；第二天，一觉醒来，痛苦的情绪便可得到缓解，此时可以着手理智地分析事件，找出困境的原因；第三天，可以采取补救措施，让一切从头再来。

所以，当我们遇到挫折时，可以多给自己一点时间，千万别轻言放弃。

2.战胜挫折三句话

第一句是："太好啦！"当你遇到困难与烦恼时，对自己说声"太好啦！"能培养我们积极乐观的心态，帮助我们从正面思考问题；第二句是："我能行！"只有充分相信自己，才有勇气积极面对挫折；第三句是："我努力！"用行动改变现状才能真正战胜挫折，否则一切都是纸上谈兵。

3.战胜挫折三颗心

第一颗：平常心。若能以平常心对待身边的事物，我们的受挫感就会大大降低，我们能正视生活中遇到的困难，能客观辩证地看待问题，接受困难存在的必然性及多面性；第二颗：自信心。自信的人不是不会失败，而是能够自信地面对失败，所以，不论遇到多大的困难与烦恼，都要相信自己有能力战胜挫折，相信事情有转机之时，让自己永葆生活的热情与希望；第三颗：求助心。当通过自我调节不能摆脱挫折带来的痛苦时，要学会向他人倾诉与请教。通过倾诉，我们能合理宣泄消极情绪；通过请教，我们能从不同的视角看待问题，尽快找到问题的解决办法。

98 如何正视生命中的逆境?

成长的烦恼

阿明来自贫困山区,原本就家庭艰难,父母又在阿明十岁时离婚了,而且各自组建了新的家庭,阿明只能跟着年迈的奶奶一起生活。初一时,阿明有一次骑自行车不小心侧翻掉入深沟,导致胫骨骨折,康复后还有很长一段时间走路跛脚。经历过无数坎坷和嘲笑,阿明觉得慢慢挺过来了,可是没想到中考时自己又落榜了。阿明感觉"屋漏偏逢连夜雨",不知道自己为什么如此倒霉。

你是如何看待生命中的逆境的?

心海导航

人来到这个世界,从生到死,完成了整个人生的过程,就是生命。生活不可能像你想象的那么好,但也不会像你想象的那么糟。斯坦福大学心理学研究发现:我们总是有低估他人负面情绪的倾向。也就是说:我们总认为别人春风得意,而倒霉的那个总是自己。

只有懂得相应的生命心理学原理,才能更好地热爱生命。

正视生命中的逆境,需要克服和摒弃以下四种非理性思维。

1.我是天底下最不幸的人

认为自己是天底下最不幸的人，会加重自己的症状。我们每个人都有一种倾向：夸大别人的幸福，放大自己的痛苦，总是认为自己是天底下最不幸的人。如果你细细地了解一下别人的生活，可能会发现各有各的幸福，也各有各的不幸。大家在一起分享和交流非常有意义，也有助于找到归属感。

切记，任何时候，都不要因为逆境和挫折而做出伤害自己或他人的极端行为，而应及时调节自己的心理冲突，或者向身边的人或专业人士求助。

2.消极情绪应该立刻消除

有人认为，积极情绪是好的，消极情绪是不好的，消极情绪一旦出现，就应该想办法立刻消除。这种思维是片面的，甚至错误的。事实上，不管是积极情绪还是消极情绪，只要是由适当原因引起、当事人能够觉知情绪的起因、情绪反应的强度与刺激的强度相适应、刺激消失后情绪也相应缓解，便是正常的情绪，应该予以接纳。只有过于持久、过于强烈的情绪才可能是不良情绪，需要我们加以调节。遭遇逆境时，我们应该允许自己经受负面情绪，并从中获得新生的动力。

3.假如没有这个问题，我的一切都会好起来

曾有一个人，他一直过得很不快乐。他认为他的人生被他的斜视眼毁了，他的口头禅是："假如我没有这个斜视眼病，我的人生会如何如何。"现在科技发达了，他的眼睛医治好了，但他的人生并没有任何改变，因为他觉得自己有斜视，总是拒绝与人交往，最后养成了孤僻的性格。可见，造成他孤僻少友的根本原因，并不是他的斜眼病，而是他的性格。

4.就是因为这件事，我才痛苦

有人认为是事件使人痛苦，事实上，围绕这个事件的看法才是引发痛苦的根源。举个例子，一早出门，你被人撞了一下，你手上的东西很有可能掉在地上，请问一下你现在的感觉如何？我相信很多人会有愤怒等负面情绪，但是你抬头一

看，撞你的那个人是一个身体残疾的老人，他被撞得更严重，请问一下，你还会有愤怒的感觉吗？恐怕更多的是内疚和自责，而不是愤怒。

幸福也许在于培育对自己的爱，当我们表现不尽如人意时，可以通过体会忧伤来自我宽恕，主动根据选择需要来避免自我惩罚。如"我不得不做"改为"我选择做"，因为你选择了这些事，我们的生活将变得和谐并充满欢乐。我们就不再依赖羞愧、内疚、恼怒或沮丧的心理来寻求改变，而是让爱主导我们的学习和成长。

99 如何让生活充满快乐？

成长的烦恼

最近小西在学校和同学发生了一些不愉快的事情，原本很要好的朋友，不知道为什么却在背后议论自己，这让小西心里觉得很难过也很愤怒。小西的生活渐渐开始有了一些变化，原本阳光开朗，开心快乐的小西，开始渐渐变得沉闷起来，常常一脸愁容，闷闷不乐。虽然妈妈总是开导小西："西儿，生活就是一面镜子，你笑，它也笑；你哭，它也哭。你要想开点哦！"但小西始终无法打开心结，总觉得朋友背叛了她，总觉得同学们都不喜欢她，那个曾经幸福快乐的小西，再也找不到了！

同学们，你有过和小西类似的经历吗？怎样可以让自己变得更快乐呢？

心海导航

其实快乐是有法则的，在追寻快乐的时候我们需要明白以下道理。

1.快乐是选择

我们每一天都要面临一个选择，是要快乐地过一天还是要忧愁地过一天，你的选择决定了你的心情。有人会说："如果生命里遭遇了不幸的事情，我又如何快乐地过一天呢？"这仍然取决于你的选择，是选择积极地看待问题，还是选择消极地看待问题，前者让你看到天堂，后者让你看到地狱。

2.快乐是放下

从前，有个家财万贯的财主，但他始终觉得自己很不快乐。有一天，他变卖家产，背起金银财宝，打算去寻找快乐，但他走遍千山万水仍找不到快乐。有一天，他看到一个衣衫褴褛的樵夫扛着木材悠闲地唱着山歌下山来，他觉得很奇怪，便上前问樵夫："看你累得满头大汗，怎么还这么快乐？"樵夫笑了笑，放下肩上的木材，笑着说："你看，这不就快乐了吗？"财主豁然开朗：原来放下就是快乐！

3.快乐是充实

有几个年轻人觉得不快乐，便去问苏格拉底："怎样才会快乐？"苏格拉底说："帮我造一条船吧！"于是，众人便去砍树、凿洞，一起造成一条小木舟，大家一起划船出游。苏格拉底问："现在你们觉得快乐吗？"答曰："快乐！"原来，当我们忙得不可开交的时候，快乐就会悄然来临，所以我们不要怨恨家长老师的严管，也不要抱怨作业多，因为当我们忙了一天倒床便睡时，快乐就会油然而生。

4.快乐是感恩

有一位青年老是埋怨自己时运不济，发不了财，终日愁眉不展。有一天，一位老人问他："年轻人，你为什么不快乐？"他说："我不明白为什么我总是这么穷！"老人由衷地说："穷？你很富有嘛！"年轻人很困惑，老人继续说："假如现在斩掉你一个手指头，给你一千元，你干不干？""假如斩掉你一只手，给你1万元，你干不干？""假如挖掉你的双眼，给你10万元，你干不干？""假如让你马上变成80岁老人，给你100万，你干不干？""假如让你马上死掉，给你1000万，你干不干？"年轻人都毫不犹豫地回答："不干！"老人笑着说道："你看，你拥有超过1000万元的财富，为什么还哀叹自己贫穷呢？"
青年愕然无语，顿时感到无比欣慰与快乐。因为人生快乐与否，不在于拥有得多，而在于计较得少，在于珍视现在所拥有的一切。

别对现实生活过于苛求，常存一颗感激之心，快乐就在我们身边。

100 如何提升生命的意义？

成长的烦恼

罗曼·罗兰曾说："世界上只有一种英雄主义，那就是了解生命且热爱生命的人。"但生活中却有很多人不懂得珍惜自己的生命，要么无所事事，得过且过，放纵挥霍自己的光阴，要么看不到生活的希望，找不到自己存在的价值，整天郁郁寡欢，甚至不惜伤害自己的生命……

我们该如何提升生命的意义，做自己生命的掌舵者呢？

心海导航

智者善于利用生命，无限地创造生命的价值；而庸者惯于荒芜生命，永远活在生命的悔恨之中，那如何才能活出精彩的生命呢？

1.敢于展望未来

没有未来的生命暗淡无光，拥有未来的生命活力四射。对未来的展望，能让个体充满希望与力量，从小树立远大的理想，规划我们的未来，能为我们的生命小船找到航标，在茫茫的人生大海里永不迷失方向。

2.善于把握现在

现在是人世间最美的礼物，每个人都拥有它，但并不是每个人都能珍惜它。不懂得把握现在的人，生命会在时间缝隙间悄然流逝；懂得把握现在的人，生命会在时光隧道里绽放光芒。所以我们要让每一天都充实而有意义，不断完善自我，努力提升生命的意义与价值。

3.懂得回顾过去

圣人言："吾日三省吾身。"回顾过去，能帮助我们更好地把握现在，规划未来。敢于面对过去的人，才能真正直面未来；善于反思人生，总结经验的人，生命才能逐渐成熟。所以我们要学会常常回首往事，在追忆生命的点滴中，心怀感恩，更加珍爱生命。

后 记

　　为更加直接有效地服务于青少年心理健康成长，江西省青少年心理健康教育辅导中心在江西省文明办的指导下，面向广大青少年学生和青少年心理健康教育工作者征集了100多个最受关注的"成长话题"，遴选后组织相关专家一一分析解答，最终编写了这本手册。

　　张天清同志负责拟定了本书的编写思路、体例和篇章结构，并对全书进行了修改审定。舒曼及高旭为本书的编写及修订做了大量的工作。编写的具体分工均在文中予以标注，舒曼、高旭、刘慧、胡燕、龚玲、陈梦琳、何蓓、何静丽等人均为从事青少年心理健康教育工作的专业老师，他们在编写的过程中整合了大量真实的工作案例与实践经验，让本书内容更加生动亲切。

　　感谢所有对本书有帮助的海内外专家学者及同行，本书在编写过程中引用了他们大量的研究成果，在此顺致最诚挚的谢意。书中可能还存在一些错误或不足，希望各位专家、读者不吝批评指正。期待本书能及时解决青少年成长过程中的一些烦恼，及时传播积极正向的心理发展理念，促进青少年健康快乐成长。

编者

二○一七年夏天

图书在版编目（CIP）数据

青少年心理自助成长100问 / 张天清主编. –– 南昌：
百花洲文艺出版社, 2017.6
ISBN 978-7-5500-2164-8

Ⅰ.①青… Ⅱ.①张… Ⅲ.①青少年 – 心理健康 – 健康教育 – 问题解答
Ⅳ.①G444-44

中国版本图书馆CIP数据核字（2017）第072527号

青少年心理自助成长100问

张天清　主编

出 版 人	姚雪雪
责任编辑	余　茁
书籍设计	彭　威
制　　作	何 丹
出版发行	百花洲文艺出版社
社　　址	南昌市红谷滩世贸路898号博能中心一期A座20楼
邮　　编	330038
经　　销	全国新华书店
印　　刷	江西华奥印务有限责任公司
开　　本	720mm×1000mm　1/16　印张　19.25
版　　次	2019年4月第1版第2次印刷
字　　数	220 千字
书　　号	ISBN 978-7-5500-2164-8
定　　价	39.00元

赣版权登字　05-2017-97

邮购联系　0791-86895108
网　　址　http://www.bhzwy.com
图书若有印装错误，影响阅读，可向承印厂联系调换。